基于新课标理念的

特殊教育课堂教学案例评析

JIYU XINKEBIAO LINIAN DE

TESHU JIAOYU KETANG JIAOXUE ANLI PINGXI

陈海苑◎编著

暨南大學出版社
JINAN UNIVERSITY PRESS

中国·广州

图书在版编目（CIP）数据

基于新课标理念的特殊教育课堂教学案例评析/陈海苑编著. —广州：暨南大学出版社，2020.12（2023.4 重印）
ISBN 978-7-5668-3033-3

Ⅰ. ①基… Ⅱ. ①陈… Ⅲ. ①特殊教育—课堂教学—教学研究 Ⅳ. ①G76

中国版本图书馆 CIP 数据核字（2020）第 216969 号

基于新课标理念的特殊教育课堂教学案例评析
JIYU XINKEBIAO LINIAN DE TESHU JIAOYU KETANG JIAOXUE ANLI PINGXI
编著者：陈海苑

出 版 人：张晋升
责任编辑：郑晓玲
责任校对：刘舜怡 黄晓佳
责任印制：周一丹 郑玉婷

出版发行：暨南大学出版社（511443）
电　　话：总编室（8620）37332601
营销部（8620）37332680 37332681 37332682 37332683
传　　真：（8620）37332660（办公室） 37332684（营销部）
网　　址：http://www.jnupress.com
排　　版：广州尚文数码科技有限公司
印　　刷：广州方迪数字印刷有限公司
开　　本：787mm×1092mm 1/16
印　　张：12.75
字　　数：230 千
版　　次：2020 年 12 月第 1 版
印　　次：2023 年 4 月第 4 次
定　　价：52.80 元

序　言

PREFACE

本人作为广东省陈海苑特殊教育名教师工作室（以下简称“工作室”）的高校指导专家，一直关注着工作室的发展动态。工作室在成立以后，积极围绕一线的课程与教学开展相关工作，具体包括课堂磨课、课题申报、专家讲座、书籍出版与文章发表等。工作室的活动开展得有声有色，团队成员的专业能力也得到了较大程度的提升。《基于新课标理念的特殊教育课堂教学案例评析》正是工作室团队成员围绕新时期课堂教学所打磨出来的成果。

自教育部于2007年颁布《培智学校义务教育课程设置实验方案》和2016年颁布《培智学校义务教育课程标准》以来，如何落实以上课程方案和标准，一直是各所特殊教育学校感到较为棘手的问题。如何依据课程标准编写教学目标，依据教学目标组织教学内容和实施教学，依据教学评价评估课程教学效果，则是这些学校面临的现实问题。本书采用范例的形式呈现了19节精品课的教学设计，正是对这些问题的探索性回应。

综合来看，本书具有以下特点：其一，整体性。本书不仅包括了根据国家培智教育课程方案实施的课程范例，还包括了校本课程范例。这种编排可以让基层学校教师从整体上了解各门课程的教学。其二，示范性。本书精心遴选了一线特教教师及部分普教教师骨干的教学范例，具有示范作用，能够有效引导基层学校教师根据课程方案和标准设计好一节课，上好一节课。其三，可操作性。这些范例的教学设计包括了分层教学、多感官教学、差异教学和个别化教学等教学方式，同时结合了现代化信息技术手段，教学意图清晰、教材教具丰富、教学流程结构化，从总体上看，具有较强的操作性和趣味性。

基于新课标理念的课程与教学实践探索正在各个地方如火如荼地开展，全书正是在这一背景下应运而生。全书根据新课标理念来设计课堂教学，所呈现的范例综合全面，每一个范例又具有体系性，基本包括了教学内容、教学对象、教学目标、教学重难点、教学准备、教学过程、学习评价等环节。

除此之外，多个环节有教学意图分析，文末还有点评分析。这些设置都有利于读者全面深入地理解各门课程教学，参考本书范例设计适用的课堂教学方案，具有较高的参考价值。

华南师范大学特殊教育学系系主任、副教授

2020 年 12 月 1 日

前　言
FOREWORD

我国教育部于2007年颁布了《培智学校义务教育课程设置实验方案》，2016年正式印发《培智学校义务教育课程标准》，2017年至今发行了部分学科的国家统编培智学校义务教育实验教科书，标志着我国的培智基础教育进入了一个快速发展时代。

《培智学校义务教育课程设置实验方案》提出：通过一般性课程来满足学生生理、心理和社会发展的需求，最大限度地开发他们的潜能；同时，通过选择性课程来满足学生的个别化需求，促进他们多方面的发展。这里的一般性课程为必修课，包括以下七类科目：生活语文、生活数学、生活适应、劳动技能、唱游与律动、绘画与手工、运动与保健。选择性课程为选修课，是学校根据当地的区域环境、学校特点、学生的潜能开发需要而设计的可供学生选择的课程，课时可弹性安排，包括以下四类科目：信息技术、康复训练、第二语言、艺术休闲。另外，该方案还提出：学校可根据地域特征、社会环境、经济文化发展的特点，以及学生实际生活需要，设置和开发具有本校特点的课程，即校本课程。而《培智学校义务教育课程标准》是新时期培智学校义务教育课程体系的重要组成部分，也是培智学校实施教育教学的重要依据。

作为特教教师，“教什么、怎么教、教得怎么样”一直是我们关注的焦点。在国家培智课程标准框架下，基于学生个体差异的教学，更需要特教工作者科学设计学校课程和优化课堂教学设计。为了更好地践行国家的新课标理念，对学生实施更适宜的教育，广东省陈海苑特殊教育名教师工作室（以下简称“工作室”）积极组织全体学员开展特殊教育课堂教学与评价活动，通过各种方式促进每个学生实现不同程度的发展。在这个过程中，老师们的专业能力同样得到了不同程度的提升，实现了教学相长的共赢局面。

本书是在工作室“用心做好特教，创新工作方式，欣赏不同个体，共建温馨家园”理念指引下，在全体成员精读相关课程标准及开展教学实践的基础上形成。工作室通过组织深层次的评课交流，进而探讨出基于新课标理念、囊括国家课程和校本课程的19节精品课教学设计和评价范例。每一个范例均由教学内容简介、学生情况分析、教学目标、教学重点、教学难点、教学准备、教学过程、板书设计、学习评价和教学评价10个要素构成，汇聚了工作室群研的智慧结晶。本书不仅可以切实帮助特教一线教师解答“教什么、怎么教、教得怎么样”的教学困惑，还告诉了老师们教学设计怎么写、教学评价怎么做，无论是对培智学校的特殊教育课堂教学，还是对普通学校的融合教育课堂教学，都有很大的参考价值。简言之，本书集新课标、课堂教学和教学评价于一体，涵括特殊教育及融合教育，值得老师们细细品读。

本书也是工作室近三年的研究成果之一，书稿的出版为工作室的终期考核画上了圆满的句号。过去的三年里，工作室全体成员同心同德，孜孜好学，务实进取，共获成长，彼此之间建立了真挚的手足情谊，为各自的人生增添了丰富多彩的印记。作为工作室的主持人，我觉得特别感动和欣慰：感动于三年来全体成员对工作室的鼎力支持和配合，使每一次活动、每一项工作都能顺利开展并有所获；欣慰于此刻实现了我在工作室成立时的承诺，那就是要给大家留下“我们和工作室的故事”。而今，我们把这些“故事”融入本书，寄望往后余生，我们中的每个人都能见字如面，常忆三年并肩作战的无穷力量和温暖，不忘初心，不止于前，不怯未来，勇敢地朝着让自己变得更好的方向奔跑。

一起加油吧，奋战在特教战线的兄弟姐妹们！

陈海苑

广东省特殊教育名教师工作室主持人

2020年12月

目　录

CONTENTS

校本课程篇

国家课程篇

生活语文

毛　巾

授课教师：蒋艳（珠海市特殊教育学校）
指导教师：陈海苑（广州市番禺区培智学校）

教学内容简介

《培智学校义务教育生活语文课程标准（2016年版）》在课程总目标中提出“掌握与其生活紧密相关的语文基础知识和技能，具有初步的听、说、读、写能力和社会交往能力；养成良好的学习习惯，能在生活实践中学习和运用语文知识和技能，为其适应生活和适应社会打下基础”，在“倾听与说话”学习领域提出“初步学会倾听、表达与交流”的目标，在“识字与写字”学习领域提出“能认读一定汉字”的目标，在“阅读”学习领域提出“具有初步的阅读能力”的目标。另外，低年级段（一至三年级）“倾听与说话”学习领域的学段目标与内容有“能听懂简单的句子，并做出适当回应”“能听懂生活中的常用语言”“能模仿运用生活中的常用语言”，“识字与写字”学习领域的学段目标与内容有“能关注汉字，萌发识字的兴趣”“认读生活中的常用汉字”，“阅读”学习领域的学段目标与内容有“能从图片中找出熟悉的人、物和生活情景”“知道图片上的文字和画面是对应的，文字是用来表示画面的意义的”“能阅读背景简单的图画，了解大意”“能用普通话朗读简单的句子”。

基于上述课程目标和内容，教师选择培智学校义务教育实验教科书《生活语文》二年级下册“第5课　毛巾”为教学内容。该课用三个课时进行教学，本节课为第一课时。教师指导学生学习词语“毛巾”，把“毛巾”的词卡与图片进行配对，用动作、词语或句子表达毛巾的用途。

学生情况分析

本节课是培智学校二年级集体课，共10名学生参与。

A层（琦、森、俊、佑）：对图文结合的理解能力较强，对复杂生字词的认知能力较弱，有主动性语言，参与课堂的积极性较高。总体上，该层学生倾听与说话、识字与写字、阅读等方面的能力较好，其中琦、森的书写能力较好，俊、佑能进行生字描红。

B层（康、焰、乐、博）：认知能力较强，口语清晰度较弱，需要教师给予很多指导才能进行简单的汉字描红。总体上，该层学生倾听与说话、识字与写字、阅读等方面的能力较弱。

C层（莹、慧）：能在课堂上进行简单的指认学习，语言表达能力较弱。总体上，该层学生倾听与说话、识字与写字、阅读等方面的能力较弱。

教学目标

一、知识与技能

A层：能认读词语“毛巾”，用句子“某人用毛巾做某事”说毛巾的用途。

B层：能将“毛巾”的词卡与图片进行配对，用词组“做某事”说毛巾的用途。

C层：能在教师的辅助下从3张不同的图片中找出“毛巾”的图片，用动作表达毛巾的用途。

二、过程与方法

通过观察图片、视频等方式，学习用句子、词语、动作说毛巾的用途。

三、情感、态度与价值观

初步养成良好的卫生习惯。

教学重点

A层：能认读词语“毛巾”，用句子“某人用毛巾做某事”说毛巾的用途。

B层：能将“毛巾”的词卡与图片进行配对，用词组“做某事”说毛巾的用途。

C层：能在教师的辅助下从3张不同的图片中找出“毛巾”的图片，用动作表达毛巾的用途。

教学难点

A层：能用句子“某人用毛巾做某事”说毛巾的用途。

B 层：能用词组“做某事”说毛巾的用途。

C 层：能在教师的辅助下从 3 张不同的图片中找出“毛巾”的图片，用动作表达毛巾的用途。

教学准备

课件，毛巾的实物、图片、词卡、图文结合卡片，学生分组奖励表。

教学过程

一、课前准备（2 分钟）

（1）教师播放律动儿歌《我的身体》“我的头，我的肩，这是我的胸。我的腰，我的腿，这是我的膝盖。小小手，小小手，小手真可爱，上面还有我的 10 个手指头”，带领学生做律动。

（2）教师将学生分成 2 个小组，并指定小组长，每组均有 A、B、C 三层的学生。

设计意图

教师使用律动儿歌为正式进入课堂做准备，儿歌可作为课间与上课的分割点，也可调整学生的情绪。律动儿歌《我的身体》能加深学生对身体的认识，为后续学习“用毛巾擦身体”做铺垫。另外，教师采取小组竞争的形式，并制定统一的奖励规则，能及时、公正地评价学生，提高学生参与课堂的积极性，利于学生增强集体荣誉感，形成团结协作、你追我赶的学习氛围。

二、激趣导入（3 分钟）

（1）教师出示超级飞侠乐迪洗手、洗头和洗澡的图片，询问：“同学们，今天老师把超级飞侠乐迪请进课堂。大家一起看看，乐迪做了什么？乐迪的手上、头上和身上有什么？”

（2）学生回答：“乐迪洗手、洗头、洗澡；乐迪的手上、头上和身上有水。”教师询问：“我们应该怎么帮助乐迪把水擦干呢？”

学生通过使用电子白板的橡皮擦功能，找出“毛巾”，并帮乐迪擦掉手上、头上、身上的水。

（3）教师预告教学环节：“接下来，乐迪要带我们去小爱、多多、酷飞家认一认、读一读、说一说和毛巾相关的知识。”

设计意图

教师引入学生喜爱的卡通人物，使课堂更具有趣味性，能调动学生探索的积极性。介绍毛巾的功能时，教师采用电子白板的遮罩功能，能让学生感受到课堂的神秘，为学生提供探索的机会。

三、新课讲授（15 分钟）

1．第一站：小爱家（认一认）

（1）教师介绍："乐迪带我们来到的第一站是小爱家。小爱为我们带来很多毛巾，将教我们认一认。我们一起看一看吧。"

教师出示不同大小、种类、颜色的毛巾实物，引导学生摸一摸、看一看，感知毛巾的大小、质地、颜色。

（2）教师出示毛巾的图片，并在图片下板书"毛巾"，总结："毛巾有不同的颜色、不同的大小。毛巾摸起来软软的。"

2．第二站：多多家（读一读）

（1）教师出示毛巾的图片和词卡，范读"毛巾"。

（2）教师引导 A 层学生看着毛巾的词卡，读"毛巾"；B 层学生看着毛巾的图文结合卡片，读"毛巾"；C 层学生看着教师出示的毛巾图片，从 3 张不同的图片中找出"毛巾"的图片。

3．第三站：酷飞家（说一说）

（1）教师出示某学生用毛巾擦脸、擦手、擦头发的照片，询问"他用毛巾做什么"，并示范说句子"××用毛巾擦脸。××用毛巾擦脸擦手。××用毛巾擦脸擦头发"。

（2）教师出示其他同学、教师、家人用毛巾擦脸、擦手、擦头发的照片，引导学生说毛巾的用途。

对于 A 层学生，教师引导他们用"××用毛巾做某事"说完整的句子。

对于 B 层学生，教师说出句子前半段"××用毛巾"，引导学生说出"擦脸""擦手"等词语。

对于 C 层学生，教师说出句子前半段"××用毛巾"，引导学生做出"擦脸""擦手"等动作。

设计意图

教师遵循学生的学习特点，相继呈现实物、图片、文字，从形象到抽象地调动学生视觉、听觉、触觉等多重感官。另外，教师呈现学生、教师和家长的照片，采取学练结合的模式，引导学生多看、多听、多读，能激发学生的学习兴趣，体现语文学习的生活化。

四、巩固练习（11 分钟）

1. 明亮小眼睛

教师介绍游戏规则："在一些物品里面找出毛巾。"其中，A 层学生在 8 种物品中找出毛巾；B 层学生在 5 种物品中找出毛巾；C 层学生在 3 种物品中找出毛巾。

2. 小组对战：找"毛巾"

教师利用电子白板中的互动小游戏，安排两个小组进行比赛，看看哪个组找出的"毛巾"最多。其中，A 层学生找出"毛巾"的词卡；B 层学生找出"毛巾"的图文结合卡片；C 层学生找出"毛巾"的图片。

3. 欢乐小骰子

教师出示一个骰子，骰子六面有家人、教师、学生用毛巾擦脸、擦手、擦头发的照片。学生掷骰子后，根据照片说毛巾的用途。其中，A 层学生用"××用毛巾做某事"说完整的句子；B 层学生在教师说"××用毛巾"后补充词组"做某事"；C 层学生在教师说"我用毛巾擦脸/擦手/擦头发"后做出相应的动作。

设计意图

教师采取分层的活动形式，逐一检验教学目标；采用趣味游戏形式，及时地向学生反馈他们的学习成果，提升学生参与学习的积极性。

五、拓展小结（3 分钟）

（1）教师出示"乐迪的身上脏兮兮""乐迪的身上干干净净"两张图片，询问："同学们，你们更喜欢哪个乐迪呢？"在学生选择"干净的乐迪"后进一步询问："我们怎么帮助脏兮兮的乐迪呢？"

（2）教师总结："今天，我们来认识毛巾。毛巾是我们的好朋友，可以用来擦脸、擦手、擦头发，让我们变成一个干净整洁的好孩子。毛巾的作用真大！"

（3）教师点评学生的表现，并进行奖励。

设计意图

拓展环节是对本节课知识的升华，可引导学生养成良好的个人卫生习惯。而课堂小结，能唤起学生对本节课知识的记忆。

六、布置作业（1分钟）

A层学生读词语“毛巾”5遍。家长出示相关内容的照片，让学生说句子“某人用毛巾做某事”。

B层学生将“毛巾”的词卡与图片进行配对。家长出示相关内容的照片，说“××用毛巾”，让学生补充词组“做某事”。

C层学生从3张不同的图片中找出“毛巾”的图片。家长出示相关内容的照片，说“我用毛巾擦脸/擦手/擦头发”，让学生做出相应的动作。

设计意图

布置作业时，教师采取分层原则，涵盖听、认、读、识等多样化形式，有助于强化学生相关能力。

板书设计

毛 巾

毛巾的词卡	毛巾的图片	毛巾的图片	毛巾的图片
用途	擦脸的照片	擦手的照片	擦头发的照片

______用毛巾______________。

设计意图

教师直观展示本节课重点教学的与“毛巾”相关的图片、词卡和句子。一方面，教师展示不同的毛巾图片，能加深学生对不同毛巾的认识。另一方面，教师展示用毛巾擦不同身体部位的照片，能巩固学生对毛巾用途的认识。

学习评价

《毛巾》学习评价表

评价教师：_____________ **评价日期：**_______年_____月_____日

说明：授课教师根据学生的课堂表现，在课后及时评价（如果有其他教师听课，授课教师可邀请听课教师一同参与评价）。请在相应的选项前打“√”。

A 层受评学生：_____________

（1）认读“毛巾”。

☐ 0 分：无论教师如何辅助，学生都无法完成。

☐ 1 分：教师示范，学生能模仿着读。

☐ 2 分：不需要教师的任何辅助，学生能独立完成。

（2）用句子“某人用毛巾做某事”说毛巾的用途。

☐ 0 分：无论教师如何辅助，学生都无法完成。

☐ 1 分：教师示范，学生能模仿着说。

☐ 2 分：教师指照片中的人物、动作和毛巾，学生能说。

☐ 3 分：不需要教师的任何辅助，学生能独立完成。

B 层受评学生：_____________

（1）将“毛巾”的词卡与图片进行配对。

☐ 0 分：无论教师如何辅助，学生都无法完成。

☐ 1 分：教师示范，学生能模仿着配对。

☐ 2 分：不需要教师的任何辅助，学生能独立完成。

（2）用词组“做某事”说毛巾的用途。

☐ 0 分：无论教师如何辅助，学生都无法完成。

☐ 1 分：教师示范，学生能模仿着说。

☐ 2 分：教师指照片中的动作，学生能说。

☐ 3 分：不需要教师的任何辅助，学生能独立完成。

（续上表）

C 层受评学生：____________

（1）从 3 张不同的图片中找出“毛巾”的图片。

□ 0 分：无论教师如何辅助，学生都无法完成。

□ 1 分：教师拿着 1 张毛巾图片，学生能配对着找。

□ 2 分：不需要教师的任何辅助，学生能独立完成。

（2）用动作表达毛巾的用途。

□ 0 分：无论教师如何辅助，学生都无法完成。

□ 1 分：教师示范，学生能模仿着表达。

□ 2 分：教师指照片中的动作，学生能做。

□ 3 分：不需要教师的任何辅助，学生能独立完成。

教学评价

生活语文课程标准提出以下基本理念：培养学生适应生活的语文素养，构建以生活为核心的开放适应的生活语文课堂，倡导感知、体验、参与的学习方式，注重潜能开发与功能改善相结合。蒋老师的这节课很好地渗透了这些理念：第一，针对本班学生学习生活语文的实际情况，蒋老师通过“认一认”“读一读”“说一说”三步骤，引导学生有序学习倾听、说话、朗读等适应生活的语文素养。第二，蒋老师注重语文课程与生活适应的密切联系，把日常生活中每天要用到的“毛巾”作为教学内容，在学生生活经验的基础上展开语文知识教学，做到取之于生活，用之于生活。第三，蒋老师遵从特殊儿童认知特点和学习规律，通过摸毛巾、认毛巾、看毛巾、读毛巾、说毛巾、找毛巾等一系列学习活动，充分调动学生的多感官参与，促进学生对知识的理解和记忆。第四，针对没有口语表达能力的学生，蒋老师教导他们用手势语代替口语表达擦脸、擦手、擦头发，改善学生的表达功能，为学生融入社会打下基础。

同时，蒋老师能遵循生活语文课程标准所提出的教学建议及评价建议开展教学活动：第一，尊重学生个体差异，实施个别化教育。蒋老师根据学生的实际学习能力，在教学目标、教学重难点等方面都体现分层施教和个别化的教育要求，在课堂中的口头提问和各环节活动执行时都很好地体现了尊重学生个体差异的理念，让每位学生在课堂中都有所得。第二，明确课程目标，实施生活化教学。本节课的内容与学生的个人生活息息相关，蒋老师结合学生的居家生活和熟悉的人，利用学生已有的生活经验，做到教学生活化，突出语文教育的功用。第三，遵循学生身心发展规律，实施支持性策略。蒋老师通过创设情境，以学生喜爱的超级飞侠乐迪带领学生前往三站学习为线索，并运用游戏形式，增加课堂的趣味性，调动学生的积极性。第四，重视生活语文实践，实施综合性活动。蒋老师在课堂中对三组能力不同的学生进行各具针对性的引导，语言亲切自然，富有感染力，为学生学习生活中的语文做了很好的榜样示范。通过课堂中良好的师生互动、生生互动和人机互动，学生的综合能力得到有效锻炼。第五，重视正确的价值导向，培育学生的公民素养。在巩固练习环节，蒋老师采取分组竞争的形式，及时评价、奖励学生，评价客观具体。学生课堂学习的热情高涨，小组荣誉感不断增强。课后评价表与教学目标紧密结合，语文学习的基本素养与学科知识能力要求都得到很好的体现。

最后，从学生参与课堂学习的情况来看，建议蒋老师对 A 层学生适当提高学习要求，比如在课堂中增加“毛巾”的书写练习。另外，在新授或练习环节中，可以利用学生用湿毛巾擦脸、擦手等情境教学，引导学生通过边做边说、我做你说、你做我说得到真实的体验，从而更好地突破教学难点。

评价教师：陈海苑（广州市番禺区培智学校）

生活数学

了解清远人口数量：整数与小数认读

授课教师：刘威（主教）、赖春梅（助教）（清远市特殊教育学校）
指导教师：陈海苑（广州市番禺区培智学校）

教学内容简介

《培智学校义务教育生活数学课程标准（2016年版）》中，“经历从日常生活中抽象出数的过程，理解10以内数的意义”是低年级段（一至三年级）的知识技能目标之一；“经历从日常生活中抽象出数的过程，理解百以内数的意义”是中年级段（四至六年级）的知识技能目标之一；“初步认识小数”是高年级段（七至九年级）的知识技能目标之一。与此对应，“数的认识”是各年级段“数与运算”学习领域的重要课程内容。例如，低年级段（一至三年级）“数的认识”的课程内容是“在现实情境中，理解10以内数的含义，能数、认、读、写，强调手口一致点数10以内的物体”；中年级段（四至六年级）“数的认识”的课程内容是“在现实情境中，理解百以内数的含义，能数、认、读、写百以内的数”；高年级段（七至九年级）“数的认识”的课程内容是“结合具体情境，初步认识小数并了解小数的意义，会读、写小数”。

基于上述课程目标和内容，教师将本节课设定为“了解清远人口数量：整数与小数认读”，其中A层学生学习两位小数的认读，B层学生学习百以内整数的认读，C层学生学习10以内物体的点数。

学生情况分析

本节课是培智学校六年级集体课，共12名学生参与。全体学生有6年的蒙氏教具操作经验。

A层（凯、遐、耀、阳、杰）：理解能力较强，掌握新知的速度较快；在数的认识方面，能认读万以内的整数，并能说出各数位的名称；已在日常生活中接触过小数（例如1.5元），会读一位小数。

B层（彬、琪、宏、月、琎）：理解能力一般，掌握新知的速度较慢；在数的认识方面，能认读10以内的数字，未完全掌握百以内整数的认读方法。

C层（亮、轩）：较好动，注意力易分散；语言能力很弱，发音不清晰；理解能力很弱，掌握新知的速度很慢；在数的认识方面，能不太清晰地唱数1～10，但无法手口一致点数物品。

经过前段时间的学习，学生已知道自己的家乡叫清远。另外，A、B层学生知道清远县市区的个数。

教学目标

一、知识与技能

A层：能独立认读两位小数，在提示下能说出小数认读法则。

B层：能通过操作数字卡片来认读百以内的整数。

C层：在家长的指导下能手口一致点数数字拼图教具上10以内的圆点。

二、过程与方法

通过听讲、操作教具，掌握整数、小数的读法及手口一致点数的方法。

三、情感、态度与价值观

感受数学与日常生活的紧密联系，体验成功感。

教学重点

A层：能认读两位小数。

B层：能认读百以内的整数。

C层：能点数10以内的圆点。

教学难点

A层：掌握小数认读法则。

B层：掌握两张数字卡片的认读顺序和连贯性。

C层：点数时手口一致。

教学准备

（1）课件《了解清远人口数量：整数与小数认读》。

（2）A 层学生的题卡，上面有认读一位小数、两位小数的题目若干。

（3）蒙氏教具：1～9、10～90、100～900 数字卡片若干。这些数字卡片的宽度固定，长度因数位多少而不同。其中，10～90 的长度是 1～9 的两倍，100～900 的长度是 1～9 的三倍。学生操作时，可进行不同数位的组合。例如，学生将数字卡片“5”放在数字卡片“90”中“0”的表面，遮住数字“0”，新的数字卡片“95”即可形成；学生再用数字卡片“95”遮住数字卡片“200”中十位和个位上的“0”，新的数字卡片“295”即可形成。

（4）蒙氏教具：数字拼图 2 套。每套数字拼图含 10 块长方形木板，每块木板分为左、右两部分，左边为数字 1～10，右边为 1～10 个红色圆点。每块木板的中间被不规则锯开，形成凹凸不平的锯齿。只有当数字与红色圆点一一对应时，左、右两边的锯齿才能成功嵌入，拼接成一块完整的木板。

（5）印章记录本：用于记录学生获得印章数量的本子。每一页上都有学生姓名、获得印章日期、盖章人员姓名等基本信息；绝大部分版面为印章登记栏。

教学过程

一、复习导入

（1）主教教师通过课件出示中国地图，提问：“我们的国家叫什么名字？”A、B 层学生回答：“我们的国家叫中国”。

（2）主教教师通过课件出示清远风景照片，提问：“我们的家乡叫什么名字？”全班学生回答：“我们的家乡叫清远。”

（3）主教教师通过课件出示清远行政地图，提问：“清远有几个县市区？”A、B 层学生回答：“8 个。”

（4）主教教师提问：“那么，清远各县市区各有多少人呢？”A、B 层学生猜想各县市区人口数量后，主教教师通过课件出示课题“了解清远人口数量：整数与小数认读”。

设计意图

教师利用学生已学过的常识来唤起他们的注意，并将话题引导到清远县市区数量上，让学生感受到数学与生活息息相关。

二、C层：点数10以内的圆点

（1）主教教师让C层学生跟随教师在行政地图上点数清远县市区的数量。

（2）主教教师提问A层学生："有哪些蒙氏教具可以用来练习数数？"A层学生回答："数棒、纺锤棒箱、数字拼图、彩色串珠。"

（3）主教教师通过课件出示数字拼图教具，邀请B层学生从教具柜中取出数字拼图教具并演示如何操作：B层学生手口一致点数红色圆点，点数完后取出对应的数字与红色圆点拼接起来，形成一块完整的木板。

助教教师引导C层学生认真观摩。

（4）主教教师邀请C层学生上台操作数字拼图教具。主教教师握着C层学生的手，让其伸出食指，缓慢地手口一致点数红色圆点。数完红色圆点后，主教教师引导C层学生取出对应的数字与圆点拼成一块完整的木板。每个C层学生需完成两块数字拼图的点数。

（5）主教教师出示课件，布置C层学生的任务：请家长辅导学生操作数字拼图教具。家长将红色圆点和数字分离、打散，手把手辅导学生手口一致缓慢点数红色圆点，找到对应的数字拼成一块完整的木板。家长在印章记录本上盖印章，作为拼接成功的标记。

C层学生在家长的辅导下完成上述任务。

设计意图

考虑到C层学生很难学习、吸收A、B层学生的学习内容，并且他们需要大量时间练习，所以教师先教授C层学生的学习内容，让其有更多的时间在家长的辅导下进行充分练习。教授C层学生时，教师安排B层学生扮演小老师示范教具的操作方法，使其能力得到巩固、提升；对A层学生则提一些总结概括性问题，以锻炼其思维能力。

三、A层：认读小数

（1）主教教师通过课件出示清远行政地图，介绍："刚刚我们已经知道，清远共有8个县市区。现在，我们一起学习这8个县市区各有多少人口。"

（2）主教教师通过课件出示2016年清远市各县市区人口数量统计表（单位：万人），数据分别为：清城区71.27，清新区70.4，佛冈县34.49，英德市115.49，阳山县56.31，连州市54.46，连南县17.37，连山县12.3。

主教教师引导A层学生从简单的小数开始认读，并尝试总结小数的读法。助教教师引导B层学生跟读。

（3）主教教师通过课件出示小数认读法则“先读整数部分，再读小数部分，整数部分带数位，小数部分直接读”，一边解释，一边指导学生根据这个法则重新认读各县市区人口数量。

（4）主教教师随机抽取3名A层学生，每人练习2个县市区人口数量的认读。主教教师适时提醒其带上单位“万人”。助教教师引导B层学生跟读。

（5）主教教师出示课件，布置A层学生的任务：请助教教师发放题卡，指导A层学生运用小数认读法则，认读题卡上的小数。助教教师在正确认读的小数下方标记“√”。

A层学生在助教教师的组织下完成上述任务。

设计意图

各县市区的人口数量是天然的小数认读学习素材，同时可让学生感受到数学与生活息息相关。清远各县市区人口中最简单的是12.3万人和70.4万人，这两个数据只有一位小数，所以教师让A层学生先读这两个小数，并尝试总结认读规律，有利于发展其思维能力。当学生领悟了小数的认读规律，在应用规律进行认读时就能触类旁通。在A层学生学习小数认读时，教师安排B层学生一同参与学习，目的在于让他们通过跟读和聆听等方式进行观察学习。

四、B层：运用数字卡片认读百以内整数

（1）主教教师出示四舍五入后只有整数部分的清远各县市区人口数量统计表（单位：万人），数据分别为：清城区71，清新区70，佛冈县34，英德市115，阳山县56，连州市54，连南县17，连山县12。

（2）主教教师拿出数字卡片依次进行组合。例如，要组合出清城区的人口数量，主教教师先拿出数字卡片“70”，再拿出数字卡片“1”，将“1”放在“70”中数字“0”的表面，遮住数字“0”，形成数字卡片“71”。

认读数字时，主教教师让学生先读底层卡片“70”（读作：七十），再读上层卡片“1”（读作：一）。学生把两张卡片的读音连贯起来，便形成该数字的读法：七十一。

B层学生观看主教教师的操作，逐一认读数字卡片。

（3）主教教师通过课件出示认读法则“先读底层卡片，再读上层卡片”，一边解释，一边指导学生根据这个法则重新认读各县市区人口数量。主教教师适时提醒其带上单位“万人”。

（4）在B层学生熟悉数字卡片认读法则后，主教教师组织他们开展认读比赛。学生每正确认读一个两位数，主教教师就在黑板右侧的代币系统中添加一个代币。

设计意图

由于B层学生目前无法认读小数，所以教师对各县市区的人口数量进行四舍五入处理，只保留整数部分让学生认读。这样的处理可使数据既处于学生的最近发展区，又源于真实生活。教师使用蒙氏教具的数字卡片辅助学生认读。这些数字卡片中，百以内数字卡片（除整十外）都是两张的，底层卡片是整十出示的。只要学生把这个整十数字读出来，就相当于把十位上这个数字的数位读出来了，随后读出个位上的数字即可。这种蒙氏教具能巧妙化解学生辨别数位这一难题，大大降低认读的难度。另外，教师组织认读比赛和运用代币系统主要是为了调动学生参与的积极性，让学生在数学学习中体验成功感。

五、成果展示与点评

（1）主教教师通过实物展台展示A层学生的题卡，统计他们在助教教师的辅导下正确读出的小数数量，并邀请助教教师对所有A层学生的认读情况进行简单点评。主教教师将正确答题数量和助教教师反馈的A层学生表现情况折算为代币，登记到黑板右侧的代币系统中。

（2）主教教师引导全班学生观察B层学生的代币系统，统计他们完成了多少个百以内整数的认读。主教教师对B层学生的认读情况进行简单点评，并针对学生的不同表现发放相应数量的代币。

（3）主教教师通过实物展台展示C层学生的印章记录本，统计他们数出10以内圆点的次数，并邀请家长对C层学生的点数情况进行简单点评。主教教师将点数次数和家长反馈的C层学生表现情况折算为代币，登记到黑板右侧的代币系统中。

设计意图

成果展示是每个层次的学生都很喜欢的环节。题卡上的“√”和印章记录本上的印章，会让学生觉得自己很厉害，可完成很多学习任务。此举可让学生在教学活动中体验成功感，增强成就感。代币系统的使用旨在及时巩固这份成就感，同时对学生在学习活动中的表现进行差别强化，引导学生养成良好的学习习惯。点评时，由主教教师、助教教师和家长对自己所负责学生的表现进行点评。通过助教教师和家长的点评，主教教师能更客观和准确地了解A、C层学生的学习情况，有利于科学制订下一步的学习计划。

六、总结与作业

（1）主教教师引导学生观察板书，回顾各层次学生的学习内容。

A 层：小数的认读。认读法则：先读整数部分，再读小数部分，整数部分带数位，小数部分直接读。

B 层：百以内整数的认读。认读法则：先读底层卡片，再读上层卡片。

C 层：点数数字拼图教具上的红色圆点。

（2）主教教师出示课件，布置各层次学生的作业。

A 层：回家查询并认读广东省各市的人口数量。

B 层：课余时间自己组合百以内的数字卡片并认读。

C 层：课余时间在家长的辅导下继续操作数字拼图教具。

设计意图

教师和学生一起回顾板书，有助于学生迅速加深对本节课学习内容的印象。另外，教师为各层次学生安排不同的作业任务，可让他们对应的能力得到巩固。

板书设计

了解清远人口数量：整数与小数认读

71.27	71	数字拼图实拍照片	代币系统
先读整数部分	先读底层卡片		
再读小数部分	再读上层卡片		
整数部分带数位			
小数部分直接读			

设计意图

本节课为分层教学，每个层次的教学内容各不相同。教师将各层次学生的主要学习内容出示在板书上，有利于各层次学生回忆本节课所学内容，加深印象。左侧出示的是 A 层学生的学习内容“小数的认读”，以一个典型小数为例呈现小数认读法则。中间出示的是 B 层学生的学习内容“在数字卡片的辅助下认读百以内整数”，以 71 为例呈现配套的认读法则。右侧是 C 层学生的学习内容“点数数字拼图教具上的红色圆点”。由于数字拼图是木质教具，无法固定在黑板上，所以教师使用数字拼图实拍照片的打印版。最右侧是全班的代币系统，上面有每个层次学生的名字。教师可在学生姓名旁以画“正”字的方式登记获得代币的数量，每天结算一次。

学习评价

《了解清远人口数量：整数与小数认读》学习评价表

评价教师：__________ **评价日期：**______年_____月_____日

说明：授课教师根据学生的课堂表现，在课后及时评价（如果有其他教师听课，授课教师可邀请听课教师一同参与评价）。请在相应的选项前打“√”。

A 层受评学生：__________

（1）能认读两位小数。

☐ 0 分：教师给予 5 次以上提示，学生仍无法做到。

☐ 1 分：教师给予 3～5 次提示，学生能做到。

☐ 2 分：教师给予 1～2 次提示，学生能做到。

☐ 3 分：不需要教师的任何提示，学生能自己做到。

（2）能说出小数认读法则。

☐ 0 分：教师给予 5 次以上提示，学生仍无法做到。

☐ 1 分：教师给予 3～5 次提示，学生能做到。

☐ 2 分：教师给予 1～2 次提示，学生能做到。

☐ 3 分：不需要教师的任何提示，学生能自己做到。

B 层受评学生：__________

能通过操作数字卡片认读百以内整数。

☐ 0 分：教师给予 5 次以上提示，学生仍无法做到。

☐ 1 分：教师给予 3～5 次提示，学生能做到。

☐ 2 分：教师给予 1～2 次提示，学生能做到。

☐ 3 分：不需要教师的任何提示，学生能自己做到。

（续上表）

C 层受评学生：＿＿＿＿＿＿
在家长的指导下，能手口一致点数数字拼图教具上 10 以内的红色圆点。
□ 0 分：学生连 1 次也无法做到。
□ 1 分：学生能做到 1～3 次。
□ 2 分：学生能做到 4～6 次。
□ 3 分：学生能做到 7～10 次。

教学评价

本节课很好地遵循了生活数学课程标准所提出的基本理念，以学生认知发展水平和已有的知识经验为基础，选择贴近学生生活实际的内容，实施分层分类教学，创造条件开展个别化教学，给学生提供充分的数学活动机会，最大限度地满足学生个体发展的需要。清晰的分层教学和良好的协同教学是本节课的主要特色。

刘老师先教授 C 层学生相关知识点，再给家长布置任务，让家长辅导 C 层学生，这样 C 层学生就有非常充足的学习时间进行 10 以内物品的点数练习。同时，在这个环节中，刘老师让 B 层学生扮演小老师，让 A 层学生思考一些总结概括性问题，这样这两个层次学生的能力均能得到不同程度的发展。接着，刘老师开始教授 A 层学生学习小数的认读，让 B 层学生通过跟读和聆听来进行观察学习。在这个环节中，虽然 A 层学生的学习内容对 B 层学生来说较难，但 B 层学生可以在观察学习中对小数的认读有一定印象，为今后的学习打下基础。在 A 层学生了解小数认读法则后，刘老师安排助教教师让 A 层学生进行巩固练习，自己主要使用教具来辅助B 层学生认读，并用比赛和代币系统等形式调动学生的积极性。每个层次的学生都有适合自己的教学目标和学习策略，有专人负责辅导，有相对充足的练习时间。整个课堂的分层教学和协同教学进行得有序、高效，值得大家学习。

另外，生活数学课程标准提出“教学形式与方法要多样化，实施弹性与支持性策略”的教学建议。面对一个班级三个层次的学生，刘老师在教学形式和教学支持上体现多样化和个别化，让每个学生都能在自己的水平上进行学习。对于 A 层学生，刘老师在讲解后发放题卡给学生练习；对于 B 层学生，刘老师除了讲解、示范外，还使用蒙氏教具的数字卡片以突破难点；对于C层学生，刘老师则在A层学生示范后，安排家长辅导学生操作蒙氏教具的数字拼图。

在学习评价上，刘老师和赖老师能紧扣不同层次学生的学习目标精准评价，如实反映学生达成课程标准要求的情况，为进一步教学提供充分的依据和参考，从而提高教学的有效性，促进教学目标循序渐进达成。

建议刘老师在后续的教学中适当增加生活中常用物品的点数，丰富点数的内容形式，会更有利于学生对10以内数的理解和运用。

评价教师：陈海苑、胡琪珍（广州市番禺区培智学校）

生活适应

会说“谢谢”的好学生

授课教师：万莉莉（主教）、区绍祥（助教）（广州市番禺区培智学校）
指导教师：陈海苑（广州市番禺区培智学校）

教学内容简介

《培智学校义务教育生活适应课程标准（2016 年版）》在低年级段（一至三年级）“学校生活”学习领域安排了“认识学校中的相关成员，并礼貌相待”的课程目标及“愿意和老师、同学交往，会使用礼貌用语”的课程内容。

基于上述课程目标和内容，教师参考培智学校义务教育实验教科书《生活适应》一年级下册“第 1 课　我是好学生”相关内容，在本节课重点指导学生学习表达“谢谢”这一礼貌用语的适用情境及有礼貌地表达感谢的技能，养成与教师、同学礼貌相待的习惯。

学生情况分析

本节课是培智学校一年级集体课，共 8 名学生参与。

A 组学生有柔、宜、汝、衡。他们具有较强的认知能力，在接受教师的少量指导后能较好地参与课堂活动。在口语表达方面，他们能仿说或主动说 5 个字以内的词语或句子。

B 组学生有成、煌、达。与 A 组学生相比，他们的认知能力较弱。课堂上，他们能在教师较多的指导下参与活动。在口语表达方面，他们一般能仿说或主动说 1 个字。

C 组学生有彤。该生的认知能力很弱，注意力易分散。教师一般需要给予大量的肢体辅助，她才能参与课堂活动。日常生活中，她极少会用口语进行表达。

班主任、科任教师及家长一致反映：递给上述学生其喜欢的物品时，他们均能接过来，但普遍不会主动表达感谢。

教学目标

一、知识与技能

A 组：递给学生其喜欢的物品时，能接过来，主动说“谢谢”。

B 组：递给学生其喜欢的物品时，能接过来，并在教师的示范下用点头表达感谢或说“谢谢”。

C 组：递给学生其喜欢的物品时，能接过来，并在教师的肢体辅助下用点头表达感谢。

二、过程与方法

通过观看视频和在多种情境中练习，能有礼貌地接受他人递过来的物品并表达感谢，明确理解成为一名好学生的基本要求。

三、情感、态度与价值观

初步养成与教师、同学礼貌相待的习惯。

教学重点

知道表达感谢的适用情境。

教学难点

初步养成与教师、同学礼貌相待的习惯。

教学准备

（1）视频：巧虎有礼貌地接受姐姐递过来的物品，并表达感谢。

（2）巧虎的律动儿歌视频《谢谢你》：“小花儿，真美丽。我想把它送给你。送给你，谢谢你，谢谢你。谢谢，谢谢，好朋友。好朋友，一起来，握握手。笑一笑，抱一抱，不害羞。”

（3）零食、饮料、玩具若干。

（4）客人 1 名，由其他教师扮演。

教学过程

一、说一说：巧虎，你好

（1）主教教师戴着巧虎手偶，介绍：“今天，巧虎来到教室和大家一起玩游戏。”

（2）主教教师戴着巧虎手偶，来到学生身旁。

对于A组学生，主教教师不主动说“你好”，等待学生主动和巧虎打招呼。

对于B、C组学生，主教教师模仿巧虎主动说“你好”，学生用口语或动作回应巧虎的打招呼。

若A组学生不能主动完成，助教教师仅给予口语提示，即询问“你要怎么说”。若B组学生不能完成，助教教师给予直接示范，即一边挥动双手，一边说“你好”。若C组学生不能完成，助教教师给予肢体辅助，即一边拉着学生的手做挥动双手的动作，一边说“你好”。

设计意图

本环节中，学生能巩固上节课所学的“打招呼”。另外，教师使用“巧虎”这个学生喜闻乐见的卡通人物，有助于激发学生积极参与后续学习活动的兴趣。

二、看一看：巧虎怎么做

（1）主教教师出示视频“姐姐把积木递给巧虎，巧虎不知道要怎么说”，询问：“巧虎怎么说，才是有礼貌的好学生？”

（2）学生自由发言后，主教教师出示视频“巧虎接过积木，说‘谢谢’”，一边板书，一边总结：“别人给的东西我们喜欢时，我们要接过来，说‘谢谢’。今天，我们学习做一个会说‘谢谢’的好学生。”

（3）主教教师拿出巧虎头饰，说：“刚才，同学们知道要说‘谢谢’，真棒！现在，老师奖励同学们和巧虎一起唱歌跳舞。来，我们先戴上巧虎头饰。”

（4）主教教师把巧虎头饰递给学生；助教教师指导学生接过巧虎头饰，并表达感谢。

对于A组学生，助教教师用口语提示他们表达感谢，即询问“你要怎么说”。

对于B组学生，助教教师直接示范如何表达感谢，即一边点头，一边说“谢谢”。

对于C组学生，助教教师用肢体辅助其表达感谢，即一边轻轻用手按一按学生的头令其点头，一边说“谢谢”。

设计意图

教师借助巧虎的相关视频，直观地向学生呈现表达感谢的适用情境及有礼貌地表达感谢的方法。而在接受巧虎头饰的练习中，学生能初步感知在何种情境中如何向他人表达感谢。

三、跳一跳：谢谢你

主教教师出示巧虎的律动儿歌视频《谢谢你》，带领学生一起做律动。对于模仿能力较弱的学生，助教教师辅助他们完成。

设计意图

该律动以“别人送给我东西时，我接过来说‘谢谢’”为内容，能帮助学生进一步理解在何种情境中如何向他人表达感谢。

四、练一练：我会说“谢谢”

1. 别人请我吃零食

（1）主教教师出示若干零食，说：“刚才，同学们都能像巧虎那样，有礼貌地说‘谢谢’。现在，万老师带来一些零食，请有礼貌的好学生吃。”

（2）主教教师询问每个学生“你想吃什么”；学生指出或说出自己想吃的零食后，主教教师把该零食递给学生。

对于A组学生，助教教师先耐心观察他们能否主动表达感谢。若学生不能主动表达感谢，助教教师再用口语提示他们表达感谢，即询问“你要怎么说”。

对于B组学生，助教教师先耐心观察他们能否主动表达感谢。若学生不能主动表达感谢，助教教师再直接示范如何表达感谢，即一边点头，一边说“谢谢”。

对于C组学生，助教教师用肢体辅助其表达感谢，即一边轻轻用手按一按学生的头令其点头，一边说“谢谢”。

（3）全体学生吃完零食后，主教教师指着板书，总结：“别人给，接过来，说‘谢谢’。”

2. 别人请我喝饮料

（1）助教教师出示若干饮料，说：“刚才，同学们都能有礼貌地谢谢万老师。现在，区老师带来一些饮料，请有礼貌的好学生喝。”

（2）助教教师询问每个学生“你想喝什么”；学生指出或说出自己想喝的饮料，助教教师把该饮料递给学生。

主教教师的指导行为与“1. 别人请我吃零食”的助教教师指导行为类似。

（3）全体学生喝完饮料后，助教教师指着板书，总结：“别人给，接过来，说‘谢谢’。”

3. 别人请我玩玩具

（1）敲门声响起，主教教师打开门。客人拿着若干玩具进来，主教教师、助教教师、学生与客人打招呼。

（2）客人说：“我知道一（1）班的学生都是有礼貌的好学生。我刚刚旅游回来，买了一些玩具，想送给大家。”

（3）客人询问每个学生“你想玩什么”；学生指出或说出自己想玩的玩具，客人把该玩具递给学生。

主教教师、助教教师的指导行为与“1. 别人请我吃零食”的助教教师指导行为类似。

（4）客人送完玩具后，和学生、主教教师、助教教师道别。全体学生玩一会儿玩具后，主教教师、助教教师引导他们收拾玩具。

主教教师指着板书，总结：“别人给，接过来，说‘谢谢’。”

设计意图

教师结合学生的生活经验，设计多种变式练习（变化递给学生的物品；变化递给学生物品的人物），指导学生巩固表达感谢的技能，并养成礼貌待人的习惯。

五、总结

（1）主教教师、助教教师点评学生在本节课的表现。

（2）主教教师指着板书，总结：“别人给，接过来，说‘谢谢’。”

设计意图

通过板书，让学生重温本节课的内容。

板书设计

会说“谢谢”的好学生

姐姐把积木递给巧虎的图片	巧虎接过积木的图片	巧虎对姐姐说“谢谢”的图片
别人给	接过来	说“谢谢”

设计意图

教师使用图片，呈现表达“谢谢”这一礼貌用语的适用情境及有礼貌地表达感谢的技能，有助于学生理解相关知识，提高相关能力。而三字经式的歌诀有利于学生记忆，符合一年级学生的认知特点。

学习评价

《会说“谢谢”的好学生》学习评价表

评价教师：____________ **评价日期：**______年_____月_____日

受评学生：____________

说明：本评价表由两部分组成。

第一部分　课后评价

说明：授课教师根据学生的课堂表现，在课后及时评价（如果有其他教师听课，授课教师可邀请听课教师一同参与评价）。请在相应的选项前打“√”。

（1）别人递给学生其喜欢的物品时，学生接过来。

□ 0 分：无论教师如何提示，学生都不做。

□ 1 分：教师给予肢体辅助，学生会自己做。

□ 2 分：教师给予直接示范，学生会自己做。

□ 3 分：教师仅给予口语提示，学生会自己做。

□ 4 分：不需要教师的任何提示，学生会主动做。

（续上表）

（2）别人递给学生其喜欢的物品时，学生表达感谢。
□ 0 分：无论教师如何提示，学生都不做。
□ 1 分：教师给予肢体辅助，学生会自己做。
□ 2 分：教师给予直接示范，学生会自己做。
□ 3 分：教师仅给予口语提示，学生会自己做。
□ 4 分：不需要教师的任何提示，学生会主动做。

第二部分　日常生活中评价

说明：家长根据学生的日常生活表现，在本节课结束一周内填写学习评价表。请在相应的选项后打“√”。

（1）别人递给您的孩子其喜欢的物品时，您的孩子会接过来吗？	
会 □	不会 □
（2）别人递给您的孩子其喜欢的物品时，您的孩子会表达感谢吗？	
会 □	不会 □

教学评价

生活适应课程标准提出“培养学生生活适应能力，提高学生生活质量”及“关注生活实际，帮助学生融入社会”的课程理念。万老师立足学生在学校的生活需求，把“向老师、同学有礼貌地表达感谢”作为本节课的教学内容，灵活运用情境教学法，能切实帮助学生处理好自己与学校中相关人员的关系，促进其更好地适应学校生活。

生活适应课程标准还提出“尊重学生个体差异，坚持个别化教育”及“采取多样化教学形式，注重实践与操作”的教学建议。本节课中，万老师和区老师能在清楚了解每个学生能力的基础上，确定针对各学生的教学目标，继而开展有针对性的集体教学和个别教学。学生在多种情境中有礼貌地接受教师或客人所给予的自己喜欢的物品，能获得表达感谢的体验和感悟，发展相关的实践能力。尤其是客人送玩具的情境，是万老师特意创设的，反映出其教学智慧。

另外，生活适应课程标准提出“评价主体多元化”“评价结果注重于客观性和主导性”的评价建议。万老师所设计的学习评价表不仅要主教教师、助教教师（甚至是听课教师）填写，还要家长填写。结合教师及家长两部分评价表的结果，教师能较客观、全面地了解每个学生的生活适应水平，从而仔细分析其发展优势及不足，并依次在后续教育教学活动中提供相应指导。

虽然这节课并不是沟通与交往训练课，但是考虑到部分学生的构音清晰度受限，建议万老师指导他们使用沟通辅具，以帮助他们表达礼貌用语。

评价教师：陈海苑（广州市番禺区培智学校）

劳动技能

我会使用微波炉加热食物

授课教师：周雪峰（广州市番禺区培智学校）
指导教师：陈海苑（广州市番禺区培智学校）

教学内容简介

在《培智学校义务教育劳动技能课程标准（2016 年版）》中，中年级段（四至六年级）的课程目标侧重以个体和家庭为中心，进一步提高学生自我服务劳动技能和家务技能，要求学生学会使用厨房用具，掌握基本的食材加工技能和厨房劳动技能，增强劳动兴趣，形成良好的劳动态度，培养热爱劳动的情感，初步具有解决实际问题的应用能力。中年级段的课程内容在“厨房劳动”项目中要求学生“掌握使用冰箱、微波炉等厨房电器的技能”及“无明火条件下，使用炊具加热食物、制作简单食物”。

基于上述课程目标和内容，结合学生的能力和发展需求，教师确定“我会使用微波炉加热食物”为本节课的教学内容，指导学生学习使用微波炉热菜的步骤，并注意使用过程中的安全。

学生情况分析

本节课是培智学校六年级集体课，共 14 名学生参与。A 组学生有喆、琳、瑜、荣、宝、炫、能，B 组学生有汶、羽、桐、彬，C 组学生有恒、东、伊。

在认知能力方面，A 组学生能理解教师所教的内容，遇到困难时能寻求他人帮助；B 组学生能掌握一些生活常识，理解教师所教的大部分内容；C 组学生只能理解日常生活中简单的动作指令，只认识生活中常见的实物，警醒度低或存在情绪与行为问题，需要教师使用各类增强物及时强化。在操作能力方面，A、B 组学生能按照教师的要求操作；C 组学生的粗大动作能力发展迟缓，精细动作能力很差，他们普遍存在肌无力和动作不协调的问题，可在教师的提示或动作协助下完成部分简单动作。

在前两个课时中，学生已认识微波炉及其主要部件、基本操作键，了解了微波炉的作用。

教学目标

一、知识与技能

A 组：能正确使用微波炉加热食物，能说出使用微波炉加热食物的步骤。

B 组：能在别人的口语提示下，使用微波炉加热食物。

C 组：能打开和关上微波炉门；能听从教师的指令，将食物端到指定的地方。

二、过程与方法

在操作过程中，学会观察和思考，并能主动积极参与活动。

三、情感、态度与价值观

（1）体验劳动的乐趣，激发劳动的兴趣，形成劳动意识。

（2）在使用微波炉的过程中，初步养成注意安全的习惯。

教学重点

A 组：能正确使用微波炉加热食物。

B 组：能在教师的口语提示下使用微波炉加热食物。

C 组：能听从教师的指令，将食物端到指定的地方。

教学难点

A、B 组：能正确调节微波炉的火力和时间。

C 组：能听从教师的指令，将食物端到指定的地方。

教学准备

烹调室、3 台微波炉及相关用品、课件、微波炉安全使用视频、使用微波炉加热食物的视频、使用微波炉加热食物的步骤图卡、食物（三明治、面包、剩饭剩菜等）若干。

教学过程

一、创设情境，引出课题

（1）教师播放歌曲《世上只有妈妈好》，用深情的口吻引导学生说一说妈妈在生活中为自己做过的事情。

（2）教师引导学生思考："我们班小喆同学的妈妈每天上班，很晚才能回家做饭给小喆吃。今天，小喆家的冰箱里有三明治、面包，还有剩饭剩菜。同学们能不能想到办法，帮助小喆把食物加热，这样小喆就不会饿肚子啦！"

（3）学生自由发言后，教师揭示课题："最近，我们认识了一种新的家用电器——微波炉，它有加热食物的作用。今天，我们一起学习使用微波炉加热食物。"

设计意图

教师在具有感染力的乐曲中导入新课，给学生创设宽松、和谐的氛围。同时，教师通过创设情境，让学生感知掌握劳动技能的必要性及形成帮助他人的内在驱动力，培养学生热爱劳动的意识，激发学生学习的兴趣。

二、探究新知，演示操作

（1）教师播放视频，引导学生观看技术人员介绍微波炉的使用过程及相关的安全注意事项。

（2）教师介绍："刚才，我们了解了微波炉的很多知识，在使用过程中，一定要注意安全。现在，我们开始学习使用微波炉加热食物。"

（3）教师出示三明治、面包、剩饭剩菜实物，请小喆选择首先想加热的食物。

（4）教师先播放使用微波炉加热食物的完整视频，引导学生观看，再现场演示、详细讲解使用微波炉加热食物的每个步骤。

第一步：插上电源。教师一边拿纸巾擦手，一边强调："插电源前，我们要擦干手。"擦干手后，教师插上微波炉的电源。第二步：打开炉门，放好食物，关上炉门。教师一边演示，一边强调："看，我们要将食物盛器放在玻璃盘中间。"第三步：选择火力"中火"。首先，教师在课件上呈现放大的微波炉火力调节按钮图片，引导学生认一认、读一读按钮上的火力标识——"低火""中火""高火"。其次，教师告知学生："我们加热面包、三明治、剩饭剩菜等食物时，一般用中火。"最后，教师演示将火力调至中火。第四步：选择时间“3 分钟”。首先，教师在课件上呈现放大的微波炉时间调节按钮图片，引导学生认一认、读一读按钮周边的数字。其次，教师告知学生：“我们加热面包、三明治、剩饭剩菜等食物时，一般用中火加热 3 分钟。”最后，教师演示将时间调至 3 分钟。第五步：按下“启动/开始”键。首先，教师在课件上呈现放大的微波炉“启动/开始”键图片，引导学生认一认、读一读文字。其次，教师演示按下“启动/开始”键。第六步：听到“叮”声，加热结束。教师播放微波炉加热结束时刻的视频，引导学生仔细聆听加热结束时“叮”的响声三遍，并引导学生说一说“叮，加热结束”。第七步：戴好隔热手套。教师一边演示戴隔热手套，一边说明：“因为加热后的盛器会很烫，所以我们要戴隔热手套。”第八步：打开炉门，取出食物。教师引导 A、B 组学生从 1 数到 10，C 组学生跟着拍手 10 下，再打开炉门取食物。取食物时，教师一边演示，一边强调：“要慢慢拿，不着急!”第九步：拔掉插头或关掉电源。教师一边演示，一边强调：“使用完微波炉后，我们一定要拔掉插头或关掉电源。”

（5）教师出示图文结合的、使用微波炉加热食物的步骤图卡，引导学生集体朗读、分组朗读各个步骤。

设计意图

劳动安全是劳动技能课程的重要组成部分。教师安排学生观看技术人员讲解安全注意事项，是为了让学生感知安全的重要性。而在新授过程中，教师围绕关键技能进行演示，可让学生清晰了解正确使用微波炉加热食物的过程和方法。图文结合的步骤图卡能帮助学生熟记流程。

三、尝试操作，练习使用

教师引导所有学生尝试操作，练习使用微波炉加热食物。其中，A 组学生一边说步骤，一边使用微波炉加热食物。教师在旁观察，出现问题时及时指导，尤其重点指导学生练习将火力调到“中火”和将时间调到“3 分钟”。B 组学生一边看步骤图卡，一边使用微波炉加热食物。在此过程中，A 组学生当小老师，对 B 组学生进行口头提示。教师在旁观察，出现问题时及时指导，尤其重点指导学生练习将火力调到“中火”和将时间调到“3 分钟”。C 组学生在教师的动作协助下参与使用微波炉加热食物的全过程。在此过程中，教师指导学生打开和关上微波炉门，必要时以动作协助学生稍用力打开和关上。另外，教师说出指令，让学生把食物端到指定的地方，必要时以动作协助学生，避免食物泼洒出来。

设计意图

本环节中，教师根据学生的能力差异，分别设计不同的要求，让学生能参与和自己能力相符的活动。在操作练习的过程中，学生把动手和动脑相结合，有助于掌握使用微波炉加热食物的流程。另外，教师重点指导学生练习关键步骤，有助于突破教学难点。

四、分享交流，总结评价

（1）教师引导学生交流对本节课的感想，开展自评和互评。

（2）师生共同品尝使用微波炉加热的食物。

（3）教师提出期望："同学们，今天我们学习了如何使用微波炉加热食物。周老师希望以后同学们可以做爸爸妈妈的小帮手，使用微波炉加热食物给自己和爸爸妈妈吃，好吗?"

设计意图

学生品尝自己的劳动成果，能切实体验到劳动的乐趣。

板书设计

我会使用微波炉加热食物

图片

第一步：插上电源

图片

第二步：打开炉门，放好食物，关上炉门

图片

第三步：选择火力"中火"

图片

第四步：选择时间"3 分钟"

图片

第五步：按下“启动/开始”键

图片

第六步：听到“叮”声，加热结束

图片

第七步：戴好隔热手套

图片

第八步：打开炉门，取出食物

图片

第九步：拔掉插头或关掉电源

设计意图

教师根据工作分析法，设计清晰的、图文结合的步骤视觉提示。在步骤说明中，教师尽量精简文字，凸显关键动作，不仅有助于促进学生的理解，还能让学生更容易朗诵和记忆，从而起到提示学生按流程和方法操作的作用。

学习评价

《我会使用微波炉加热食物》学习评价表

评价教师：______________ **评价日期：**________年______月______日

说明：授课教师根据学生的课堂表现，在课后及时评价（如果有其他教师听课，授课教师可邀请听课教师一同参与评价）。

评价标准：

0 分：无论教师如何提示，学生都不做。

1 分：在教师的动作协助下，学生能做。

2 分：在教师的口语提示下，学生能做。

3 分：不需要教师的任何提示，学生能独立做。

行为目标	受评学生													
	A组							B组				C组		
1. 能插上电源												—	—	—
2. 能打开微波炉门														
3. 能将装有要加热食物的盛器放到玻璃盘中间														
4. 能关上炉门														
5. 能选择火力“中火”												—	—	—
6. 能将时间设置调节到“3分钟”												—	—	—
7. 能找到“启动/开始”键并按下												—	—	—
8. 听到“叮”声，知道加热结束（例如，说“加热结束”或过去拿食物等）														
9. 在加热结束后能等待10秒钟														
10. 取食物前能戴上隔热手套														
11. 能从微波炉中端出食物，放到指定的地方														
12. 端出食物后，能关上炉门														
13. 能拔掉插头或关掉电源												—	—	—
14. 能说出使用微波炉加热食物的步骤								—	—	—	—	—	—	—

教学评价

劳动技能课程标准的基本理念是“关注学生生活需求”，注重基础，培养学生具备简单的劳动技能。周老师选择“使用微波炉加热食物”这个内容，旨在指导学生解决与“吃”相关的基本生存问题，让能力好的学生独立操作，让能力弱的学生在提示或支持下实现自我服务。为了让学生更好地独立或半独立完成，周老师提供了支持性策略，如固定火力和时间、固定盛器、数数或拍手延时打开炉门等。建议周老师在后续教学中继续加强学生对该课内容的练习。

劳动技能课程标准在教学建议部分明确提出“培智学校劳动技能课的实施要体现因材施教的原则，从学生的个体差异出发，开展分层教学和个别辅导”。本节课中，周老师根据学生的能力水平，针对不同层次学生，设计可达成的目标和可参与的活动，并开展分层教学和个别辅导，针对难点进行清晰示范和让学生反复练习，从而使不同的学生在同一节课中都能有所收获。劳动技能课程标准在教学建议部分还明确提出“关注安全”。在教学中，周老师从严格要求学生遵守劳动纪律和安全操作规程出发，细化每个步骤（包括用电安全和防烫等），通过设计细致而规范的使用流程，规避可能出现的安全问题，既排除了安全隐患，又培养了学生安全使用电器的良好习惯。

学习评价是课程实施的重要环节。周老师在教学过程中注重激励学生，在学生完成每项操作后及时表扬其良好表现，并针对其存在的问题进行指导。在最后一个环节，周老师引导学生交流心得，并进行自评和互评。这样的评价方式能为周老师改进教学策略指明方向，为她调整教学速度和行为提供客观依据，也能充分调动学生的积极性，从而提高学生的学习质量，促进学生发展，有效达成劳动技能课程标准在评价建议部分所提出的评价目的。

评价教师：陈海苑、陈峰丽（广州市番禺区培智学校）

唱游与律动

彼得与狼

授课教师：谭妙坤（主教）、张绮婷（助教）（广州市番禺区培智学校）
指导教师：陈海苑（广州市番禺区培智学校）

教学内容简介

《培智学校义务教育唱游与律动课程标准（2016 年版）》指出：律动是伴随音乐，按节拍、节奏做出简单肢体动作的活动。通过律动活动，学生可感受音乐要素，用各种富有韵律的动作来表现音乐，愿意参与律动创造活动，用自己创编的动作表达对音乐的理解，发展动作协调性、音乐表现能力和创造能力。其中，七至九年级的律动学习领域目标有“根据音乐的内容和情绪即兴表演”“能用身体动作表达对音乐的感受”。

基于上述课程目标和内容，教师把本节课的教学内容设定为“即兴律动”，选取部分音乐片段，主要指导学生根据苏联作曲家普罗科菲耶夫的交响童话《彼得与狼》的内容与情绪，投入角色，做即兴律动表演、模仿律动和接受辅助学习动作三个层次的活动。

《彼得与狼》是用不同的乐器演奏来演绎多个角色的乐曲，乐器的音色和演奏的旋律都贴切刻画出每个角色的特点。无论是乐器的独奏还是合奏，节奏和旋律都充满戏剧性，非常生动有趣，很适合用于即兴表演。

学生情况分析

本节课是培智学校七年级集体课，共 12 名学生参与。

A 组 4 名学生（思、荣、静、源）有较好的语言表达能力、音乐表达能力、音乐节奏感和动作协调性，能在教师引导下积极开动脑筋思考问题，做简单的即兴创作。

B 组 5 名学生（凯、鸿、亮、希、灏）有较好的认知沟通能力、肢体协调能力，能跟随教师或同学完成简单的律动小组合。

C 组 3 名学生（山、扬、豪）需要教师大量的辅助才能配合做出相关的动作和反应。

在《彼得与狼》教学活动的第一课时，学生已通过观看完整的音乐动画视频，初步了解音乐作品讲述的故事。在本节课，学生进入第二课时的学习。

教学目标

一、知识与技能

（1）A组学生能理解音乐作品的内容和情绪；能主动用各种身体动作表达对音乐的感受；能在教师的语言引导下，根据音乐的内容与情绪做即兴律动组合表演；能结合自己的生活经验，做即兴律动表演。

（2）B组学生能理解音乐作品的内容和情绪；能用简单的身体动作表达对音乐的感受；能根据音乐的内容与情绪，跟随教师或同学做模仿律动。

（3）C组学生能感受音乐作品的情绪，在活动中理解教师的指令；愿意接受教师的辅助，根据音乐配合助教教师做出简单的动作与反应，用身体动作表达对音乐的感受。

二、过程与方法

（1）通过视听动结合的体验，理解音乐作品的内容，感受音乐所表达的形象与情绪。

（2）通过融入故事中的角色，做角色体验活动，从而发展即兴律动表演能力。

（3）在与他人协作的过程中，组合完成完整的即兴律动表演。

三、情感、态度与价值观

体验开心、害怕等不同的情绪变化，养成通过聆听音乐调理情绪的习惯。

教学重点

融入故事的角色，通过角色扮演做即兴律动表演。

教学难点

结合自己的生活经验，即兴创作和自我表演。

教学准备

（1）角色标识道具：小鸟——披风、猫——手套、彼得——小领巾、鸭子——鸭舌帽。

（2）多媒体课件《彼得与狼》：第一部分，教师播放音乐片段，出示音乐动画视频中的角色图片和音乐所使用的乐器图片，让学生通过听音乐找对应的角色和乐器图片，辨听刻画不同角色的音乐，认识角色所对应的乐器，感受各种乐器演奏的风格。第二部分，教师让学生通过聆听与角色对应的音乐，进一步感受角色的情绪，并做角色律动练习。第三部分，教师播放音乐动画的情景片段，让学生在角色律动练习的基础上，结合自己的生活经验发挥想象力和创造力，做即兴音乐情境律动表演。

教学过程

一、故事回顾

（1）主教教师、助教教师通过多国语言《你好歌》，与学生问好。

（2）主教教师播放课件，提问："上节课，我们一起欣赏了一部融入了音乐交响曲的动画片《彼得与狼》。同学们还记得动画片里有什么角色吗？"主教教师相继出示彼得、小鸟、鸭子、猫的图片，助教教师引导学生回答。

（3）主教教师分别播放四段角色主题音乐，在播放前提问："现在，请同学们仔细听以下四段音乐，找一找这四段音乐分别由哪四种乐器演奏出来，每段音乐属于哪一个角色呢？"助教教师引导学生根据音乐，在课件中指出对应的角色图片和乐器图片，即小提琴——彼得、长笛——小鸟、双簧管——鸭子、单簧管——猫。

（4）学生配对成功后，主教教师进一步解说乐器演奏所表现的角色形象："小提琴拉奏优美的旋律表现活泼、开朗、机智的少年彼得的形象。长笛吹奏轻快的曲调模仿小鸟清脆婉转的鸣叫。双簧管吹奏装饰音模仿鸭子摇摇摆摆走路的形态。单簧管吹奏断音表现猫上蹿下跳、活泼机灵的形态。"

设计意图

教师帮助学生从抽象的音乐中建立形象思维，进一步理解不同音乐所刻画的角色形象。另外，教师通过听音乐配对角色图片与乐器图片的课件游戏，让学生自主辨听四个角色的主题音乐。

二、角色律动练习

1. 彼得的律动练习

（1）主教教师播放彼得的音乐动画视频，提问："听到彼得的音乐时，你们觉得彼得开心吗？你们觉得是什么事情让彼得那么开心呢？"学生回想音乐动画情境，自由发言“去雪地溜冰”等。

(2) 主教教师让学生戴上小领巾，代入彼得的角色：“现在让我们像彼得一样戴上小领巾，到雪地里去溜冰吧！”

(3) 主教教师播放彼得的音乐，引导学生结合自己平时玩轮滑或溜冰的经验，在音乐中自由做溜冰的动作。助教教师辅助C组学生在音乐中学习简单的溜冰步伐。

设计意图

教师以音乐动画中彼得的小领巾作为角色的标识物，让学生迅速自然地代入角色。学生结合自己的生活经验模仿动画片里彼得溜冰的动作，为即兴表演做铺垫练习。另外，教师引导学生在享受音乐的过程中，大胆做出一些自己平时玩轮滑或溜冰的动作。

2. 小鸟的律动练习

(1) 主教教师播放小鸟的音乐动画视频，提问：“大家听到小鸟的音乐，觉得小鸟正在做什么呢？”学生回想音乐动画情境，自由发言“在飞”等。

(2) 主教教师让学生穿上披风，代入小鸟的角色：“小鸟在音乐动画里时而高飞、时而低飞，有时飞得快、有时飞得慢。现在就让我们借助‘小鸟的翅膀’，一起试着飞飞看吧！”

(3) 主教教师引导学生根据音乐节奏的快慢，做高飞、低飞、快飞、慢飞的动作，并及时提问学生各种不同状态的飞行会有什么不一样的感觉。助教教师辅助C组学生在音乐中做简单的飞行动作。

设计意图

教师以披风作为小鸟的角色标识物，让学生利用披风更生动地感受飞的感觉。学生根据音乐的节奏体验各种飞的动作与速度，从而感受音乐的节奏变化与情绪变化。

3. 鸭子的律动练习

(1) 主教教师播放鸭子的音乐动画视频，提问：“听！这是鸭子的音乐，它在干什么呢？”学生观看动画后，自由发言“在雪地里走路，还掉进水里游泳”等。

(2) 主教教师让学生戴上鸭舌帽，代入鸭子的角色：“现在让我们学一下鸭子在湿滑的雪地里是怎样走路的，在冰冷的水里又是怎样游泳的。”

（3）学生根据音乐表演在湿滑的雪地里小心翼翼走路的动作，在冰冷的水里快速游动挣扎的动作。主教教师在此过程中用语言讲述湿滑的场景和营造寒冷的氛围。助教教师辅助C组学生在音乐中学习简单的鸭子步伐与游泳动作。

设计意图

教师在学生掌握动作模仿的基础上，循序渐进地对学生的角色练习提高要求。此环节中，学生需演绎鸭子的情绪（例如，鸭子走路害怕摔倒的情绪，鸭子在冰水里游泳颤抖受惊的情绪），做律动练习。如果学生不明白小心翼翼走路的感觉，教师可在保证安全的情况下，让学生尝试在湿滑的板上走路，获得真实体验，以帮助学生即兴表演。

4. 猫的律动练习

（1）主教教师播放猫的音乐动画视频，提问：“看！猫总是那么鬼鬼祟祟。大家觉得猫想干什么呢?”学生回想音乐动画情境，自由发言“想抓小鸟”等。

（2）主教教师让学生戴上手套，代入猫的角色：“猫蹑手蹑脚，走起路来静悄悄的，我们一起像它一样走走看吧！”

（3）主教教师引导学生根据音乐的节奏轻轻走猫步，上肢配合下肢做出蹑手蹑脚的样子。助教教师辅助C组学生在音乐中轻轻走猫步。

设计意图

教师让学生戴上手套作为猫的角色标识物，塑造偷偷摸摸的形象。在学生掌握带有情绪的动作表现基础上，教师引导学生加入模仿音乐动画情境的动作表演，让学生的动作更生动、更富有戏剧性，为即兴律动表演做内容与情绪相结合的铺垫练习。

三、即兴情境表演

1. 分配角色

主教教师、助教教师让学生自由认领角色，帮助学生分组和佩戴好角色标识物。

第一组：彼得与小鸟玩耍（1人扮演彼得，1人扮演小鸟，两者组合成一组，限额两组）。

第二组：彼得与鸭子嬉戏（1 人扮演彼得，1 人扮演鸭子，两者组合成一组，限额两组）。

第三组：猫捉小鸟（1 人扮演猫，1 人扮演小鸟，两者组合成一组，限额两组）。

设计意图

教师引导学生代入角色，准备即兴情境表演。教师在赋予学生选择权时，做好限额的分配，以确保每位学生都有表演角色与搭档。

2. 即兴组合表演

（1）主教教师播放彼得与小鸟玩耍的音乐，请扮演彼得与小鸟的学生分组出来即兴表演。学生结合自己的生活经验，扮演彼得在雪地里溜冰玩耍，扮演小鸟在雪地上空自由飞翔，两者互相用肢体动作对话。

（2）主教教师播放彼得与鸭子嬉戏的音乐，请扮演彼得与鸭子的学生分组出来即兴表演。学生结合自己的生活经验，扮演彼得与鸭子在雪地里互相追逐嬉戏。

（3）主教教师播放猫捉小鸟的音乐，请扮演猫与小鸟的学生分组出来即兴表演。学生结合自己的生活经验，扮演猫鬼鬼祟祟地从背后靠近正停留在雪地上的小鸟，想捉小鸟，结果没捉到，最后感到没面子，悄悄走开了。

（4）在学生表演过程中，主教教师观察 A、B 组学生参与活动；助教教师协助 C 组学生参与活动。

设计意图

在角色律动练习环节中，学生已储备了演绎各个角色的肢体动作经验，并对四段角色主题音乐有深刻的体验。此时，学生可结合自己的生活经验，做情境式音乐即兴表演。

四、总结

（1）教师播放柔和的音乐，让学生缓慢解下角色标识物，做各个关节的放松活动，带领学生走出角色：“彼得玩了一天很累了，想解下小领巾回家休息了。小鸟受到惊吓，也想收起翅膀，找个地方躲起来了。鸭子刚刚掉进冰水里浑身湿透，已经冷得一动不动了。猫也收起它锋利的爪子，稍作休息，静待时机。雪地里的一切渐渐安静了。我们也要稍作休息，准备迎接下一节课。”

设计意图

出戏的仪式可帮助学生从角色表演中回到现实环境，梳理情绪，平复心情。

（2）主教教师说："我们的音乐故事还没有完结，下一节课彼得将会遇到大灰狼，落入一个危险的困境，需要大家的帮忙。请同学们下节课继续跟我一起走进惊险的音乐童话之旅《彼得与狼》！"

设计意图

教师预告后续情节，保持神秘感，以引起学生对下一次学习的期待。

板书设计

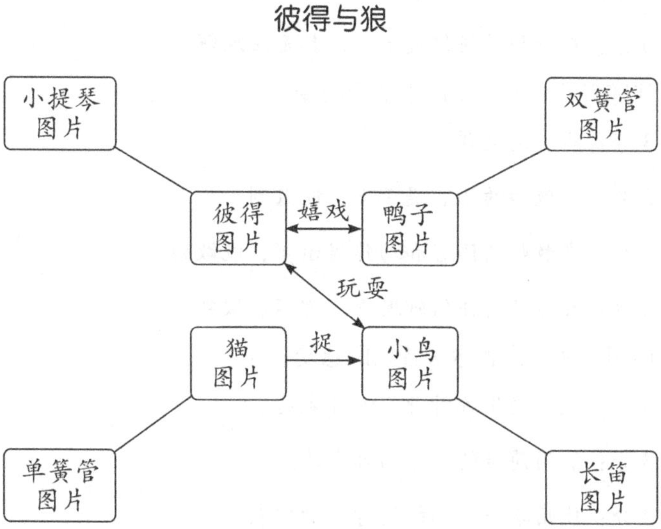

设计意图

教师使用图文结合的板书，让学生认识乐器与角色之间的对应关系，了解各角色之间发生的事情，以便提示学生根据自己所扮演的角色做即兴律动表演。

学习评价

《彼得与狼》学习评价表

评价教师：__________ **评价日期：**______年_____月_____日

说明：授课教师根据学生的课堂表现，在课后及时评价（如果有其他教师听课，授课教师可邀请听课教师一同参与评价）。请在相应的选项前打“√”。

A 组受评学生：__________

（1）能理解音乐作品的内容。

☐ 3 分：能复述音乐作品的内容。

☐ 2 分：能讲出音乐作品的部分内容。

☐ 1 分：能回答有关音乐作品内容的问题。

☐ 0 分：在教师的任何提示下，都无法理解。

（2）能随着音乐的变化产生情绪的变化。

☐ 3 分：能主动做到。

☐ 2 分：在教师的语言提示下，能做到。

☐ 1 分：在教师的语言和动作提示下，能做到。

☐ 0 分：在教师的任何辅助下，都不能做到。

（3）能用身体动作表达对音乐的感受。

☐ 4 分：能主动用各种身体动作表达。

☐ 3 分：能用简单的身体动作表达。

☐ 2 分：能用单一、熟练的身体动作表达。

☐ 1 分：愿意接受辅助，用身体动作表达。

☐ 0 分：在教师的任何辅助下，都不能做到。

（4）能运用表情、动作进行表演。

☐ 3 分：能自主运用丰富的表情、动作进行表演。

☐ 2 分：能模仿别人运用表情、动作进行表演。

☐ 1 分：能在教师的辅助下，运用动作进行表演。

☐ 0 分：在教师的任何辅助下，都不能做到。

（续上表）

（5）能表演符合音乐的内容和情绪。 ☐ 3 分：能主动做到。 ☐ 2 分：在教师的语言提示下，能做到。 ☐ 1 分：在教师的语言和动作提示下，能做到。 ☐ 0 分：在教师的任何辅助下，都不能做到。 （6）能根据音乐的内容和情绪即兴表演。 ☐ 4 分：能根据音乐的内容和情绪即兴表演舞蹈。 ☐ 3 分：能根据音乐的内容和情绪即兴表演律动组合。 ☐ 2 分：能根据音乐的内容和情绪即兴表演单一的律动动作。 ☐ 1 分：愿意接受辅助，根据音乐的内容和情绪做简单的动作。 ☐ 0 分：在教师的任何辅助下，都不能做到。 （7）能结合生活经验，即兴创作和自我表演。 ☐ 3 分：能主动做到。 ☐ 2 分：在教师的语言提示下，能做到。 ☐ 1 分：在教师的语言和动作提示下，能做到。 ☐ 0 分：在教师的任何辅助下，都不能做到。
B 组受评学生：__________ （1）能理解音乐作品的内容。 ☐ 3 分：能复述音乐作品的内容。 ☐ 2 分：能讲出音乐作品的部分内容。 ☐ 1 分：能回答有关音乐作品内容的问题。 ☐ 0 分：在教师的任何提示下，都无法理解。 （2）能用身体动作表达对音乐的感受。 ☐ 4 分：能主动用各种身体动作表达。 ☐ 3 分：能用简单的身体动作表达。

（续上表）

☐ 2 分：能用单一、熟练的身体动作表达。

☐ 1 分：愿意接受辅助，用身体动作表达。

☐ 0 分：在教师的任何辅助下，都不能做到。

（3）能运用表情、动作进行表演。

☐ 3 分：能自主运用丰富的表情、动作进行表演。

☐ 2 分：能模仿别人运用表情、动作进行表演。

☐ 1 分：能在教师的辅助下，运用动作进行表演。

☐ 0 分：在教师的任何辅助下，都不能做到。

（4）能表演符合音乐的内容和情绪。

☐ 3 分：能主动做到。

☐ 2 分：在教师的语言提示下，能做到。

☐ 1 分：在教师的语言和动作提示下，能做到。

☐ 0 分：在教师的任何辅助下，都不能做到。

（5）能根据音乐的内容和情绪即兴表演。

☐ 4 分：能根据音乐的内容和情绪即兴表演舞蹈。

☐ 3 分：能根据音乐的内容和情绪即兴表演律动组合。

☐ 2 分：能根据音乐的内容和情绪即兴表演单一的律动动作。

☐ 1 分：愿意接受辅助，根据音乐的内容和情绪做简单的动作。

☐ 0 分：在教师的任何辅助下，都不能做到。

（6）能跟着教师随音乐的内容与情绪做模仿律动。

☐ 3 分：能主动做到。

☐ 2 分：在教师的语言提示下，能做到。

☐ 1 分：在教师的语言和动作提示下，能做到。

☐ 0 分：在教师的任何辅助下，都不能做到。

（续上表）

C组受评学生：＿＿＿＿＿＿

（1）能用身体动作表达对音乐的感受。

☐ 4分：能主动用各种身体动作表达。

☐ 3分：能用简单的身体动作表达。

☐ 2分：能用单一、熟练的身体动作表达。

☐ 1分：愿意接受辅助，用身体动作表达。

☐ 0分：在教师的任何辅助下，都不能做到。

（2）能根据音乐的内容和情绪即兴表演。

☐ 4分：能根据音乐的内容和情绪即兴表演舞蹈。

☐ 3分：能根据音乐的内容和情绪即兴表演律动组合。

☐ 2分：能根据音乐的内容和情绪即兴表演单一的律动动作。

☐ 1分：愿意接受辅助，根据音乐的内容和情绪做简单的动作。

☐ 0分：在教师的任何辅助下，都不能做到。

（3）在活动中能理解教师的指令。

☐ 3分：能主动做到。

☐ 2分：在教师的语言提示下，能做到。

☐ 1分：在教师的语言和动作提示下，能做到。

☐ 0分：在教师的任何辅助下，都不能做到。

（4）愿意接受教师的辅助，与别人合作表演。

☐ 1分：愿意。

☐ 0分：不愿意。

教学评价

本课能紧密围绕唱游与律动课程标准的律动学习领域目标开展教学。在课堂教学中，谭老师以角色代入的教学形式，增进学生的学习趣味性，充分调动学生结合已有生活经验进行即兴律动表演，深入渗透“联系生活经验，强调音乐体验”的课程理念。谭老师采取目标分层教学法，充分体现了“面向全体学生，尊重个体差异”的课程理念。

谭老师还创新性地将创造性戏剧的手法应用到音乐学科的课堂教学中，引导学生从视听动等多方面感受音乐、丰富体验、有效参与，激发学生学习音乐的兴趣，获得内在的音乐感受；从视听结合欣赏音乐入手，培养学生的观察能力和模仿能力；通过角色律动练习，开发学生对音乐作品的感受能力和表现能力；鼓励学生以自己的肢体语言表达对音乐的理解，促进学生动作协调性的发展，有效落实“重视音乐实践，发展音乐能力”的课程理念。

主教教师善于引导学生思考与探索，能随时捕捉到学生的创意灵感，帮助学生收集与整理即兴创编的动作，形成有趣的律动组合。助教教师能根据学生在课堂上的反应，对有需要的学生进行适当指导和辅助。两位教师能灵活掌握教师与学生之间导与学的关系，营造轻松有趣的课堂氛围，让学生大胆自由地即兴表演，较好地遵循了唱游与律动课程标准所提出的教学建议。

在评价方面，谭老师尊重个体差异，分层设计目标评价，并重点评价学生如何“认识、理解音乐与生活的联系”，灵活地将国家标准中的律动领域目标整合在三维目标中。谭老师的做法能较全面反映学生的学习过程，又便于找到学生需要努力的方向，促进学生发展，较好地遵循了唱游与律动课程标准所提出的评价建议。

建议谭老师在学生熟练后，把三个场景串联成音乐故事，让学生连贯体验剧场式表演，增强学生的学习成就感。

评价教师：陈海苑（广州市番禺区培智学校）、陈晖（广州市天河区启慧学校）

绘画与手工

红　色

授课教师：张俊华（广州市番禺区培智学校）
指导教师：陈海苑（广州市番禺区培智学校）

教学内容简介

《培智学校义务教育绘画与手工课程标准（2016年版）》在“造型·表现”学习领域安排如下课程目标：“观察、认识与理解色彩，学习运用造型活动提高想象力与操作能力；参与造型活动，体验活动过程的乐趣。”而低年级段（一至三年级）在“造型·表现”学习领域有“尝试用点、线、图形和色彩进行涂画活动，通过简单的压、贴等方法，进行简单的造型活动；认识常见物品的颜色；在一定的时间内，保持良好的坐姿；学会用合适的姿势握笔涂画；学会双手取放、按压物品等基本动作，促进手眼协调”的课程内容。

基于上述课程目标和内容，教师在本节课中主要指导学生用常见的红色物品进行造型游戏活动。在活动中，学生可以巩固对红色的认识，提升手部肌肉力量、手眼协调能力，体验使用红色蜡笔给物品涂色，养成良好的握笔姿势和写字习惯。

学生情况分析

本节课是培智学校二年级集体课，共8名学生参与。

卓：中度智障。在认知方面处于半具体（平面图片）学习阶段，可进行图片的配对分类。精细动作能力较弱，手部发育障碍导致其握笔、操作工具有一定困难。

恩、涵：重度自闭症。在认知方面处于具体（实物）学习阶段与半具体学习阶段之间，可进行图片配对、实物分类，对图片的分类有困难。精细动作能力较弱，手部肌肉力量不足，握笔姿势、书写力量控制、工具操作等表现不良。

祈：重度自闭症。在认知方面处于半具体学习阶段，可进行图片的配对分类。在精细动作方面具有较强的能力，可进行较复杂文字的抄写，工具操作表现相对较好。

华：重度智障。在认知方面处于具体学习阶段与半具体学习阶段之间，可进行常见物品的实物与实物配对、分类，但进行实物与图片的配对有困难。精细动作能力较弱，手部肌肉力量不足，握笔姿势、书写力量控制、工具操作等表现不良。

晓、朗、炜：重度智障。在认知方面处于具体学习阶段与半具体学习阶段之间，可进行常见物品的实物与实物配对、分类，但进行实物与图片的配对有困难。精细动作能力弱，手部肌肉力量严重不足，握笔姿势不佳，书写力量控制、工具操作等有很大困难。

本节课前，本班学生已接受过粘贴、泥塑、涂鸦等手部操作的训练，但没有系统学习过红色。所有学生还没有很好地掌握握笔姿势和书写坐姿。

教学目标

一、知识与技能

卓、祈：

(1) 能找出 5 种或以上常见的红色物品。

(2) 能用红色的蜡笔给喜欢的物品涂色，不涂出界。

(3) 涂色时，能维持正确的握笔姿势 10 分钟或以上。

(4) 涂色时，能维持正确的坐姿 10 分钟或以上。

恩、涵、华：

(1) 能找出 3 种或以上常见的红色物品。

(2) 能用红色的蜡笔给喜欢的物品涂色，不涂出界。

(3) 涂色时，能维持正确的握笔姿势 5 分钟或以上。

(4) 涂色时，能维持正确的坐姿 5 分钟或以上。

晓、朗、炜：

(1) 能找出 2 种或以上常见的红色物品。

(2) 能用红色的蜡笔给喜欢的物品涂色，允许涂出界。

(3) 涂色时，能维持正确的握笔姿势 2 分钟或以上。

(4) 涂色时，能维持正确的坐姿 2 分钟或以上。

二、过程与方法

通过在游戏中寻找、操弄常见的红色物品，形成对红色概念的认识，提升手部精细动作和手眼协调能力；通过观看教师的示范操作和自己的动手制作，体验涂色的乐趣与学习正确的书写姿势。

三、情感、态度与价值观

养成正确的书写姿势与习惯，体验绘画与手工的乐趣。

教学重点

认识常见的红色物品，提升手部精细动作与手眼协调能力。

教学难点

养成正确的书写姿势与习惯。

教学准备

（1）小球、乐高积木、小飞机玩具、水果（草莓、苹果、荔枝及其他）。

（2）小球、小飞机的轮廓图（用于涂色）。

（3）色卡—红色（用于板书）。

（4）蜡笔若干、篮子 10 个、水果刀 1 把、大餐盘 2 个、一次性手套 10 副、代币板。

（5）平板电脑、打印机。

（6）书写辅具：①给每个学生配备蜡笔加粗限位套 1 个，用于帮助学生找到适当的握笔位置，维持正确的握笔姿势，提升握笔的稳定度。②给每个学生配备条形即时贴若干，用于标记学生书写时双手放在桌面的位置、屁股坐在椅子上的位置及双脚摆放在地面的位置，能帮助学生维持正确的坐姿。

教学过程

一、准备上课

（1）教师与学生问好后，逐个出示学生的姓名卡，进行点名。学生应到后，将自己的姓名卡贴到代币板上。

（2）教师出示两张内容一样的图画（一张是彩色的，一张是黑白的），询问学生："同学们请看这两张画，你们更喜欢哪一张？为什么呢？"学生自由发言后，教师指着彩色的图画，介绍："很多同学更喜欢它，觉得它更好看。没错，颜色可以让画变得更好看！从今天开始，我们来学习各种颜色。”

设计意图

教师通过点名活动，可让学生做好上课的心理准备。在“点名—应到”过程中，学生的注意力可快速集中到教师身上。另外，教师让学生把自己的姓名卡贴到代币板上，可唤醒学生对“代币—强化物”关系的记忆，激发学生的学习兴趣。而教师指导学生观察内容相同的彩色及黑白图画，让学生感受颜色让图画更好看，可激发学生学习颜色的兴趣。

二、运一运红色的小球

（1）教师出示一箱彩色小球，拿出一个红色的小球，询问：“这个小球是什么颜色？”若学生无法回答，教师直接告诉学生：“这个小球的颜色是红色。”

（2）教师发给每个学生一个红色的小球，让学生看一看、摸一摸、滚一滚。

（3）教师让学生拿着平板电脑给红色的小球拍照，把所拍的照片打印出来贴在黑板上，并在照片下板书“红色的小球”。

（4）教师设定起跑线和终点线，在终点线处放五个空的篮子，在起跑线处放五个装有各种颜色小球的篮子。学生在起跑线的篮子里每找到一个红色的小球，就快速把它运到终点线的篮子里。如此持续 1 分钟后，教师查看学生有没有运错其他颜色的小球。对于运对红色小球的学生，教师给予代币奖励。最后，教师让学生从终点线的篮子里拿出红色的小球，逐个放回起点线的篮子里。

设计意图

小球是学生喜欢的玩具之一。教师利用学生喜欢的玩具进行首个游戏活动，可引起他们参与课堂学习的兴趣。目前，动作感知与视觉感知是对于本班学生最有效的学习渠道。玩游戏前教师让学生看一看、摸一摸、滚一滚红色的小球，玩游戏时教师让学生拿着红色的小球跑、放红色的小球等，目的都是给予学生动作、视觉的刺激输入，让学生通过多种感官巩固对红色的认识。另外，游戏结束后，教师让学生把终点的小球逐个放回起点，这样的拿、放练习可训练学生的手眼协调能力与手部肌肉力量。

三、拼一拼红色的小飞机

（1）教师出示一个红色的小飞机玩具，让小飞机飞出去，询问学生："同学们想不想玩小飞机？请告诉老师，这架小飞机是什么颜色？"若学生无法回答，教师直接告诉学生："这架小飞机的颜色是红色。"

（2）教师指着嵌在乐高墙上的各种颜色的积木，告诉学生："想玩小飞机的同学要帮老师找出红色的积木，一起做一架红色的积木小飞机，就可以玩了。"

（3）每个学生在乐高墙上取下红色的积木，教师协助他们把红色的积木插接在一起，拼成飞机形状。对于找对红色积木的学生，教师给予代币奖励。做好积木小飞机后，教师让学生拿着平板电脑给红色的积木小飞机拍照，把所拍的照片打印出来贴在黑板上，并在照片下板书"红色的小飞机"。完成以上任务后，教师奖励每个学生玩小飞机玩具。

设计意图

积木是学生喜欢的玩具之一，但本班学生普遍缺乏造型的能力。拼红色小飞机的游戏既让学生加深了对红色的认识，又让学生掌握了积木的正确玩法。除祈外，其他学生的手部肌肉力量不足，手部精细动作能力较弱。课前，教师让他们把积木嵌在乐高墙上。课堂上，教师让他们从乐高墙上取下红色的积木，并拼插在指定位置。上述活动既使学生的手部肌肉力量、手眼协调能力得到训练，又通过动作、视觉感知加深了他们对红色的认识。

四、画一画红色的小球/小飞机

（1）教师拿出一盒蜡笔，询问："同学们，你们知道蜡笔可以用来做什么吗？"若学生无法回答，教师直接告诉学生："蜡笔可以用来涂颜色和画画。"

（2）教师出示各种颜色的蜡笔若干，让学生找出红色的蜡笔。对于找对红色蜡笔的学生，教师给予代币奖励。找到全部红色的蜡笔后，教师让学生拿着平板电脑给红色的蜡笔拍照，把所拍的照片打印出来贴在黑板上，并在照片下板书"红色的蜡笔"。

（3）教师出示小飞机、小球的轮廓图，示范握蜡笔的动作、坐姿和涂色过程。接着，教师让学生自主选择一张小飞机或小球的轮廓图，拿着戴有蜡笔加粗限位套的蜡笔，给它涂上红色。学生涂色时，教师随时关注他们的书写姿势（例如，提示学生注意看桌面、椅子和地面的标记调整坐姿，及时表扬握笔姿势正确的学生，手把手纠正学生错误的握笔姿势等）。学生涂色后，教师让他们把作品贴到黑板上，大家一起点评完成的作品，给表现良好的学生奖励代币。

设计意图

“运一运红色的小球”“拼一拼红色的小飞机”环节属于动的活动，而本环节属于静的活动。涂色能让学生转换到静的活动中，并通过另一种不同的动作——“涂”来感知红色。在涂色过程中，教师先进行示范，能让学生对正确的动作、姿势及涂色作业要求有直观的感知，明确自己要做什么、如何做、怎样才是做完。

五、吃一吃红色的水果

（1）教师出示各种水果，询问：“同学们一起找一找，哪些水果是红色的？”

（2）学生找出红色的水果后，教师发给每个学生一副卫生手套，与学生一起将水果摆成一个造型。学生给水果摆好造型后，教师让学生拿着平板电脑给红色的水果拍照，把所拍的照片打印出来贴在黑板上，并在照片下板书“红色的水果”。

（3）教师让学生从代币板上拿下自己的代币，用代币换水果（一个代币可换一份喜欢的水果）。学生兑换水果后，坐在自己的座位上吃水果。

设计意图

水果对于学生来说是强化物。本环节一方面对学生起到强化记忆的作用，另一方面再次让学生加深对红色的认识。

六、总结

教师一边在黑板上贴红色的色卡并板书“红色”，一边总结：“今天，我们认识了红色的小球、红色的小飞机、红色的蜡笔、红色的水果，并做了红色的小飞机和红色水果的拼盘。”

设计意图

教师带领学生重温这节课的学习内容，让学生再次巩固对红色的认识。

板书设计

<table>
<tr><td colspan="4" align="center">色卡
红色</td></tr>
<tr><td align="center">照片
红色的小球</td><td align="center">照片
红色的小飞机</td><td align="center">照片
红色的蜡笔</td><td align="center">照片
红色的水果</td></tr>
</table>

设计意图

教师将本节课所认识的几种红色物品以照片结合文字的形式进行有序排列，可让学生反复感知红色。最后，教师出示红色的色卡并板书“红色”，将生活中红色的表现形式带入美术中红色的表现形式。

学习评价

《红色》学习评价表

评价教师：____________　**评价日期：**______年_____月_____日

受评学生：____________

说明：授课教师根据学生的课堂表现，在课后及时评价（如果有其他教师听课，授课教师可邀请听课教师一同参与评价）。请在相应的选项前打“√”。

(1) 能找出常见的红色物品。

□ 0 分：未达 1 分。

□ 1 分：能接受/欣赏教师给予的红色物品，可拿在手里把玩一小会儿。

□ 2 分：能找对 1 ~ 2 种常见的红色物品。

□ 3 分：能找对 3 ~ 4 种常见的红色物品。

□ 4 分：能找对 5 种或以上常见的红色物品。

（续上表）

（2）能用红色的蜡笔给喜欢的物品涂色。

□ 0 分：未达 1 分。

□ 1 分：能不破坏教师给予的蜡笔与画纸，不干扰课堂活动。

□ 2 分：能拿蜡笔在纸上随意点涂。

□ 3 分：能拿蜡笔用点、线给指定的画面涂色，有部分涂出界外。

□ 4 分：能拿蜡笔用点、线给指定的画面涂色，控制良好，不涂出界。

（3）涂色时，能维持正确的握笔姿势。

□ 0 分：未达 1 分。

□ 1 分：能以任意握笔动作握紧笔，不破坏笔。

□ 2 分：能保持正确的涂色握笔动作 1 ~4 分钟。

□ 3 分：能保持正确的涂色握笔动作 5 ~9 分钟。

□ 4 分：能保持正确的涂色握笔动作 10 分钟或以上。

（4）涂色时，能维持正确的坐姿。

□ 0 分：未达 1 分。

□ 1 分：能不离开美术课堂活动现场，不干扰课堂活动的进行。

□ 2 分：能在绘画活动中保持正确的坐姿 1 ~4 分钟。

□ 3 分：能在绘画活动中保持正确的坐姿 5 ~9 分钟。

□ 4 分：能在绘画活动中保持正确的坐姿 10 分钟或以上。

教学评价

绘画与手工课程标准提出的基本理念是“面向全体、关注差异，激发兴趣、重在参与，联系生活、关注文化，激发潜能、改善功能”。张老师在本节课的教学很好地体现了这些理念：其一，张老师根据 8 名学生的能力，分层设定不同的学习目标，并依据学生的知觉—动作能力和学习风格，为每位学生准备合适的学习材料。这些做法都体现了“面向全体、关注差异”的理念。其二，张老师围绕“红色”主题，从学生的生活实际出发，利用学生日常爱玩的物品设计游戏活动，很好地激发了学生参与学习活动的兴趣，让每位学生都能在玩耍自己熟悉的生活物品时潜移默化地学到本节课的知识。其三，在游戏活动过程中，张老师巧妙设计了训练手部肌肉力量和手眼协调能力的操作，通过看、摸、滚红色的小球及取积木、插积木等活动，使学生的手部精细动作、手眼协调能力等得到有效的整合训练，改善了学生的身体功能，让学生在亲身体验中巩固对红色概念的认知。

绘画与手工课程标准提出的教学建议是“树立面向全体、关注差异的教学观，营造积极愉快的学习氛围，探索有效的教学方法和手段，多给学生感悟作品的机会，有机融入康复训练”。本节课中，张老师通过运球比赛、用积木造小飞机、给图画涂颜色、用代币换水果奖品等一系列好玩有趣的学习活动，调动学生的多重感官一起参与学习，使学生的参与度和积极性始终保持高涨，在教师的鼓励下乐意去尝试、探索、感悟。整节课都寓学习于学生喜欢的玩乐活动中，并结合学生的身心特点，渗透相关的动作康复训练，收到良好的教学效果。

绘画与手工课程标准的评价建议提到“评价应以学生在课程学习中的客观事实为基础，注重评价与教学的协调统一，强调多元评价；针对学生的特殊性，更应突出评价的激励性”。本节课中，张老师结合学生在课堂中的学习表现，采用及时的口头评价、课后的书面评价、生生评价等多种方式，培养学生基本的审美意识。同时，张老师坚持正向评价，通过及时给学生奖励代币，让学生用代币换取强化物等，使学生始终保持学习的积极性，起到很好的激励作用。

通过学生的课堂表现可以看出，祈在认知与精细动作能力方面的潜能没有被很好地激发出来，建议张老师适当对其提高学习要求，例如独立完成用积木造小飞机的流程。

评价教师：陈海苑（广州市番禺区培智学校）

运动与保健

上挑式传接棒接力跑

授课教师：马飞龙（主教）、易土志（助教）（珠海市斗门区特殊教育学校）
指导教师：陈海苑（广州市番禺区培智学校）

教学内容简介

《培智学校义务教育运动与保健课程标准（2016 年版）》中，运动技能方面的课程目标有“掌握运动技能和方法”，心理健康方面的课程目标有“形成合作意识与能力”。另外，水平二（四至六年级/中等运动能力）运动技能方面的课程内容有“基本掌握多种体育活动方法”，心理健康方面的课程内容有“在团队体育活动中能较好地履行自己的职责”。水平三（七至九年级/高等运动能力）运动技能方面的课程内容有“基本掌握简单的技术动作组合”，心理健康方面的课程内容有“树立集体荣誉感，形成积极合作、相互配合的意识和能力”。

基于上述课程目标和内容，根据本班学生现有能力，教师对《全日制培智学校教师教学用书：体育（试用本）》①“第四章　实践教材——第二节　基本运动——一、走和跑”的内容进行改编，将“学生初步掌握上挑式传接棒方法”改编为“学生掌握上挑式传接棒接力跑的技术要领和提高学生在运动中的合作意识与能力”（在跑的过程中使用“上挑式传接棒”技术：接棒人在原地手臂自然向后伸出，虎口向后下方张开；传棒人在跑的过程中将接力棒由下向上挑，准确地将接力棒送入接棒人手中）。

学生情况分析

本节课是培智学校八年级集体课，共 12 名学生参与。

A 层有 6 名学生，分别是伟、华、欣、英、峰、珠，均为轻度智障学生。他们在认知、语言、精细动作和粗大动作等方面的能力较好，对运动与

---

① 全日制培智学校教材编委会. 全日制培智学校教师教学用书：体育：试用本. 北京：人民教育出版社，2008.

保健的知识和技术接受能力相对较强。

B层有6名学生，分别是怡、杰、恒、琦、慧、浩，均为中度智障学生。他们在认知、语言、精细动作和粗大动作等方面的能力一般，对运动与保健的知识和技术接受能力相对较弱，在学习过程中需要教师给予适量的辅助。

在前两节课的学习中，学生观看了“上挑式传接棒接力跑”的教学视频，并参加了原地及行进间传接棒练习。A层学生已初步掌握“上挑式传接棒接力跑”的基础知识与规则、原地和行进间“上挑式传接棒”的技术要领，B层学生已初步认识“上挑式传接棒接力跑”的基础知识、原地和行进间“上挑式传接棒”的技术要领。

教学目标

一、知识与技能

A层（伟、华、欣、英、峰、珠）：能独立掌握“上挑式传接棒接力跑”中传接棒的技术要领。

B层（怡、杰、恒、琦、慧、浩）：能在教师的提示下，掌握“上挑式传接棒接力跑”中传棒的技术要领。

二、过程与方法

通过观看教师的动作示范和自身的实践练习，掌握“上挑式传接棒接力跑”的技术要领。

三、情感、态度与价值观

增进团结协作的精神，提高合作能力。

教学重点

掌握“上挑式传接棒接力跑”的技术要领。

教学难点

掌握“上挑式传接棒接力跑”的技术要领。

教学准备

应急物品：止血贴、棉签、红药水、消毒水、跌打损伤药物喷雾剂。

3根接力棒、12个“雪糕筒”。

教学过程

一、导入

（1）主教教师喊口令“立正、向右看齐、向前看、报数、休息”，整理队伍。学生听口令，做动作。

（2）主教教师、助教教师与学生互相问好。

（3）主教教师一边出示接力棒，一边和助教教师示范“上挑式传接棒”的动作，询问：“同学们，前两节课学习了什么，大家还记得吗？”

（4）学生回答“接力棒”或“上挑式传接棒”后，主教教师介绍：“同学们都记得很清楚，真棒！今天，我们继续认真学习怎么传接棒。”

设计意图

教师整理队伍，有助于学生养成良好的课堂行为习惯。教师利用实物和动作示范进行知识回顾，有助于加深学生对所学知识的认识。

二、热身运动

（1）主教教师喊口令，带领学生做热身运动，包括头部运动、腰部运动、正压腿、体前屈。助教教师负责引导B层学生做热身运动。

（2）主教教师介绍：“现在，我们玩一个游戏——‘迎面击掌接力跑’。请大家看示范。看，两个人站在这边起跑线的后面，两个人站在另一边起跑线的后面。听到哨声后，第一个人起跑，跑到对面与第二个人击掌；击掌后，第二个人跑到对面与第三个人击掌；击掌后，第三个人跑到对面与第四个人击掌；击掌后，第四个人跑到终点，游戏结束。”

（3）教师把学生分成三组，组织每组4名学生玩“迎面击掌接力跑”游戏。主教教师负责引导A层学生，助教教师负责引导B层学生。

设计意图

教师以游戏的形式引导学生进行课前热身，一方面能避免学生在运动过程中发生损伤，另一方面能调动学生的学习积极性。

三、复习原地传接棒、行进间传接棒

1. 复习原地传接棒

（1）主教教师询问：“首先，我们来复习前两节课学过的传接棒练习。

第一个练习是原地传接棒，你们还记得怎样做吗?”

（2）学生回答后，教师把学生分成3组，组织每组4名学生站在“雪糕筒”旁边，进行两个回合的原地传接棒练习。主教教师负责引导A层学生，助教教师负责引导B层学生。

（3）学生结束练习后，主教教师拿着接力棒，和助教教师一边示范，一边总结：“进行传棒时，同学们一定要注意把接力棒由下向上挑，放到接棒人的手中。请记住，接棒人紧握接力棒后，传棒人才能松开接力棒。”

2. 复习行进间传接棒

（1）主教教师询问：“接下来，我们做第二个练习——‘行进间传接棒’，你们还记得怎样做吗?”

（2）学生回答后，教师把学生分成3组，组织每组4名学生站在“雪糕筒”旁边排成一排，进行两个回合的行进间传接棒练习。主教教师负责引导A层学生，助教教师负责引导B层学生。

（3）在学生结束练习后，主教教师拿着接力棒，和助教教师一边示范，一边总结：“接棒人一定要注意，当你感觉到接力棒在手中时，要马上紧握接力棒，一边走一边喊‘1、2、3，传接棒’。”

设计意图

教师带领学生回顾已学过的技能，有助于学生在接下来的学习中学得更轻松、更有效。

四、练习跑步中传接棒

1. 练习慢跑传接棒

（1）主教教师介绍：“刚才，我们复习了上节课学过的原地和行进间传接棒。现在，我们一起学习跑步中传接棒技术。第一，传棒人要注意手紧握接力棒的下半部分，听到哨声后自然摆臂快速往前跑；快接近接棒人时，传棒人放慢速度，把接力棒由下向上挑，放到接棒人手中，等接棒人紧握接力棒后才松开接力棒。第二，接棒人要注意把手充分张开，虎口向下，大拇指向内，头向后看。看到传棒人快接近时，接棒人要慢慢往前跑；等传棒人把接力棒放到手中，接棒人紧握接力棒，快速往前跑。”

（2）主教教师、助教教师和伟、华两位学生分别站在“雪糕筒”旁边，示范慢跑传接棒（主教教师第一棒，伟第二棒，助教教师第三棒，华最后一棒）。

第一棒传给第二棒时，主教教师先握紧接力棒下半部分，听到哨声后慢慢往前跑，跑到快接近伟时，放慢速度。这时，伟把手张开，虎口向下，大拇指向内，头向后看。当看到主教教师快接近时，伟慢慢往前跑；主教教师把接力棒由下向上挑，放到伟的手中；伟紧握接力棒，再慢慢往前跑。

第二棒传给第三棒时，伟慢慢向前跑，快接近助教教师时，放慢速度。这时，助教教师把手张开，虎口向下，大拇指向内，头向后看。当看到伟快接近时，助教教师慢慢往前跑；伟把接力棒由下向上挑，放到助教教师的手中；助教教师紧握接力棒，再慢慢往前跑。

第三棒传给第四棒时，助教教师慢慢往前跑，快接近华时，放慢速度。这时，华把手张开，虎口向下，大拇指向内，头向后看。当看到助教教师快接近时，华慢慢往前跑；助教教师把接力棒由下向上挑，放到华的手中；华紧握接力棒，再慢慢跑到终点。

（3）教师把学生分成3组，组织每组4名学生站在“雪糕筒”旁边排成一排，进行两个回合的慢跑传接棒练习。主教教师负责引导A层学生，助教教师负责引导B层学生。

（4）在学生结束练习后，主教教师拿着接力棒，和助教教师一边示范，一边总结：“进行传接棒时，同学们一定要注意传棒的技术。传棒人要紧握接力棒，慢慢往前跑；快接近接棒人时，传棒人放慢速度，把接力棒由下向上挑，放到接棒人的手中。等接棒人紧握接力棒后，传棒人才可以松开接力棒。”

2. 练习中速跑传接棒

（1）主教教师介绍：“现在，我们进行中速跑传接棒练习，也就是比刚才的慢跑稍微快一点。请大家先看示范。”

（2）主教教师、助教教师和欣、英两位学生分别站在“雪糕筒”旁边，示范中速跑传接棒（主教教师第一棒，欣第二棒，助教教师第三棒，英最后一棒）。

第一棒传给第二棒时，主教教师先握紧接力棒下半部分，听到哨声后中速往前跑，跑到快接近欣时，放慢速度。这时，欣把手张开，虎口向下，大拇指向内，头向后看。当看到主教教师快接近时，欣中速往前跑；主教教师把接力棒由下向上挑，放到欣的手中；欣紧握接力棒，再中速往前跑。

第二棒传给第三棒时，欣中速往前跑，快接近助教教师时，放慢速度。这时，助教教师把手张开，虎口向下，大拇指向内，头向后看。当看到欣快接近时，助教教师中速往前跑；欣把接力棒由下向上挑，放到助教教师的手中；助教教师紧握接力棒，再中速往前跑。

第三棒传给第四棒时，助教教师中速往前跑，快接近英时，放慢速度。这时，英把手张开，虎口向下，大拇指向内，头向后看。当看到助教教师快接近时，英中速往前跑；助教教师把接力棒由下向上挑，放到英的手中；英紧握接力棒，再中速跑到终点。

（3）教师把学生分成3组，组织每组4名学生站在“雪糕筒”旁边排成一排，进行两个回合的中速跑传接棒练习。主教教师负责引导A层学生，助教教师负责引导B层学生。

（4）在学生结束练习后，主教教师拿着接力棒，和助教教师一边示范，一边总结：“请注意，接棒人要向后看，看到传棒人快接近时，要慢慢往前跑；紧握接力棒后，接棒人中速往前跑。”

3. 练习快速跑传接棒

（1）主教教师介绍：“现在，我们进行快速跑传接棒练习，也就是要用最快的速度往前跑进行传接棒。请大家先看示范。”

（2）主教教师、助教教师和峰、珠两位学生分别站在“雪糕筒”旁边，示范快速跑传接棒（主教教师第一棒，峰第二棒，助教教师第三棒，珠最后一棒）。

第一棒传给第二棒时，主教教师先握紧接力棒下半部分，听到哨声后快速往前跑，跑到快接近峰时，放慢速度。这时，峰把手张开，虎口向下，大拇指向内，头向后看。当看到主教教师快接近时，峰慢慢往前跑；主教教师把接力棒由下向上挑，放到峰的手中；峰紧握接力棒，再快速往前跑。

第二棒传给第三棒时，峰快速往前跑，快接近助教教师时，放慢速度。这时，助教教师把手张开，虎口向下，大拇指向内，头向后看。当看到峰快接近时，助教教师慢慢往前跑；峰把接力棒由下向上挑，放到助教教师的手中；助教教师紧握接力棒，再快速往前跑。

第三棒传给第四棒时，助教教师快速往前跑，快接近珠时，放慢速度。这时，珠把手张开，虎口向下，大拇指向内，头向后看。当看到助教教师快接近时，珠慢慢往前跑；助教教师把接力棒由下向上挑，放到珠的手中；珠紧握接力棒，再快速跑到终点。

（3）教师把学生分成3组，组织每组4名学生站在“雪糕筒”旁边排成一排，进行两个回合的快速跑传接棒练习。主教教师负责引导A层学生，助教教师负责引导B层学生。

（4）在学生结束练习后，主教教师拿着接力棒，和助教教师一边示范，一边总结：“无论是哪一种跑法，传接棒技术都一样，只是快速跑时跑的速度比较快。同学们要注意每一棒传棒时放慢速度，把接力棒由下向上挑，放到接棒人手中；待接棒人则加握接力棒后，传棒人才松开接力棒，接棒人则加速往前跑。”

4. 开展比赛

教师组织学生分组开展比赛，其中B层学生担任传棒人，A层学生担任传棒人或接棒人。主教教师负责引导A层学生，助教教师负责引导B层学生。

设计意图

教师和A层学生一起进行清晰示范，并安排针对性练习，能有效帮助学生巩固“上挑式传接棒接力跑”的技术要领，为接下来的比赛环节打下基础。教师组织学生开展有趣的比赛活动，不仅可以充分发挥学生的团结合作精神，还有利于学生掌握“上挑式传接棒接力跑”的技术要领。

五、放松运动

主教教师喊口令，带领学生做放松运动，如让学生相互轻轻拍打双臂、背部、双腿及放松手部、腰部、腿部。

设计意图

教师通过有趣而轻松的放松运动，使学生的身体在运动后得到舒展，不仅能增进学生之间的友谊，也能充分发挥团队合作精神。

六、总结

主教教师拿着接力棒，和助教教师一边示范，一边总结：“我们进行‘上挑式传接棒接力跑’时，要注意三个细节。第一，在跑的过程中，要像以前我们练习短跑一样，跑直线和注意安全。第二，传棒人要紧握接力棒下半部分，在快接近接棒人时，要注意放慢速度，把接力棒由下向上放到接棒人手中；待接棒人紧握接力棒后，传棒人才可以松手。第三，接棒人要注意把手充分张开，虎口向下，大拇指向内，头向后看；当看到传棒人快接近时，接棒人慢慢往前跑；等传棒人把接力棒放到接棒人的手中后，接棒人紧握接力棒，加速往前跑。”

设计意图

教师通过回顾性讲解，有助于学生强化相关的知识与技术。

学习评价

《上挑式传接棒接力跑》学习评价表

评价教师：____________ **评价日期**：______年____月____日

受评学生：____________

说明：授课教师根据学生的课堂表现，在课后及时评价（如果有其他教师听课，授课教师可邀请听课教师一同参与评价）。B 层学生不需要接受题目（4）（5）（6）的评价。请在相应的选项前打“√”。

（1）掌握慢跑传棒技术。

☐ 0 分：无论教师如何提示，学生都不会慢跑传棒技术。

☐ 1 分：教师进行肢体辅助后，学生掌握慢跑传棒技术。

☐ 2 分：教师给予语言提示后，学生掌握慢跑传棒技术。

☐ 3 分：学生独立掌握慢跑传棒技术。

（2）掌握中速跑传棒技术。

☐ 0 分：无论教师如何提示，学生都不会中速跑传棒技术。

☐ 1 分：教师进行肢体辅助后，学生掌握中速跑传棒技术。

☐ 2 分：教师给予语言提示后，学生掌握中速跑传棒技术。

☐ 3 分：学生独立掌握中速跑传棒技术。

（3）掌握快速跑传棒技术。

☐ 0 分：无论教师如何提示，学生都不会快速跑传棒技术。

☐ 1 分：教师进行肢体辅助后，学生掌握快速跑传棒技术。

☐ 2 分：教师给予语言提示后，学生掌握快速跑传棒技术。

☐ 3 分：学生独立掌握快速跑传棒技术。

（4）掌握慢跑接棒技术。

☐ 0 分：无论教师如何提示，学生都不会慢跑接棒技术。

☐ 1 分：教师进行肢体辅助后，学生掌握慢跑接棒技术。

☐ 2 分：教师进行语言提示后，学生掌握慢跑接棒技术。

☐ 3 分：学生独立掌握慢跑接棒技术。

（续上表）

（5）掌握中速跑接棒技术。

□ 0分：无论教师如何提示，学生都不会中速跑接棒技术。

□ 1分：教师进行肢体辅助后，学生掌握中速跑接棒技术。

□ 2分：教师进行语言提示后，学生掌握中速跑接棒技术。

□ 3分：学生独立掌握中速跑接棒技术。

（6）掌握快速跑接棒技术。

□ 0分：无论教师如何提示，学生都不会快速跑接棒技术。

□ 1分：教师进行肢体辅助后，学生掌握快速跑接棒技术。

□ 2分：教师进行语言提示后，学生掌握快速跑接棒技术。

□ 3分：学生独立掌握快速跑接棒技术。

教学评价

本节课坚持“健康第一”的指导思想，在教学各环节都关注到学生的安全问题。另外，马老师高度重视学生的发展需要，从课堂教学到学习评价始终以学生发展为中心，强调学生的主体地位；在热身运动及练习实践过程中，能关注个体的差异，为学生设置不同难度的练习活动，并给B层学生提供更多的引导和支持，如教师陪同、及时帮助等。在教学语言方面，马老师注重激发学生的运动兴趣，通过大量正向的语言，鼓励学生积极体验，勇于竞争，较好地培养了学生体育锻炼的意识和习惯。

在教学建议方面，本节课能在细化运动与保健课程标准的课程目标基础上，设置教学目标，即掌握上挑式传接棒技术。马老师将目标具体化，并有计划、分步骤地促进目标的达成：在前两个课时，学生已观看完整的传接棒视频，初步建立了整体印象；在本节课，马老师教导学生分步骤达成目标，先用击掌传接的方式热身，再复习原地传接棒、行进间传接棒，最后学习跑步中上挑式传接棒。在教学内容的选择上，马老师能充分了解学生的体能水平和运动基础，选取符合学生身心发展特点的教材，也充分考虑到学生的运动兴趣与需求。在教学方法上，马老师注重创设民主、和谐的教学情境，采用支持性教学策略，有效提升B层学生参与运动的积极性。同时，马老师注重学生的体能锻炼，从热身运动、复习、练习、比赛到放松运动，科学合理地安排运动强度和运动量。

在学习评价方面，马老师设置了“多元的评价主体和弹性的评价标准”：一方面，在教学过程中，主教教师和助教教师全程针对学生的表现开展正向评价；另一方面，在课后，教师及时使用学习评价表，记录学生的表现。

建议马老师安排与学生生活实际联系紧密的课后练习作业，进一步实现教学的情意目标。例如，安排 B 层学生参与需要轮候、交接等的任务活动，具体如：家长将碗筷洗净后递给孩子，孩子负责擦干，放进碗柜；家长从洗衣机中取出洗好的衣服，交由孩子负责晾晒。

评价教师：陈海苑、张二妮（广州市番禺区培智学校）

信息技术

制作电子相册

授课教师：张小军（广州市番禺区培智学校）
指导教师：陈海苑（广州市番禺区培智学校）

教学内容简介

《培智学校义务教育信息技术课程标准（2016 年版）》提出“总体目标是培养学生的信息技术能力”，而“计算机的应用”模块的课程内容包括“体验用演示文稿模板制作简单相册的过程”。

基于上述课程目标和内容，教师参考人教版义务教育小学教科书《信息技术》第七册“第二单元　制作多媒体演示文稿”，以“制作电子相册”为课题，教学生用演示文稿模板制作简单的电子相册（具体步骤包括综合运用 PowerPoint 的选择模板、插入新幻灯片、插入图片、调整图片大小、切换幻灯片等），达到引领学生“体验制作过程”的目的。

学生情况分析

本节课是培智学校九年级集体课，共 14 名学生参与。

A 组学生为快进组，有涵、正、君、豪、彤、轩、攀、君 8 人。该组学生的学习能力中等偏上，通过教师少量的个别引导，就能掌握相关的知识和技能。其中，攀会用拼音输入汉字，其余学生只会手写输入汉字。

B 组学生为慢进组，有欣、淇、思、林、怡、媚 6 人。该组学生能参与课堂学习，但思维和动作反应较慢，需要教师较多的引导。

经过近 2 年的信息技术学科学习后，大部分学生具备操作计算机鼠标、键盘的基础能力。经过前段时间的学习后，大部分学生对 PowerPoint 演示文稿有了初步了解，学习过播放、浏览的方法，但还没学习插入新幻灯片、插入图片等制作方法。

教学目标

一、知识与技能

A组：能较熟练地掌握打开PowerPoint模板、选择设计模板、插入图片、添加新幻灯片、设置幻灯片切换效果和自动换片方式等操作技能。能综合运用PowerPoint相关知识和技能制作电子相册作品，新建幻灯片和插入相片5～10张。

B组：在教师个别辅导下能基本掌握上述操作技能。在教师个别辅导下能制作电子相册作品，新建幻灯片和插入相片3～5张。

二、过程与方法

（1）能根据学习生活需要，利用信息技术获取、加工、表达和交流与制作电子相册相关的信息，体验信息处理的一般过程。

（2）通过为毕业班制作电子毕业相册的具体任务和主题，体验信息技术在日常生活中的应用。

三、情感、态度与价值观

（1）形成审美意识、自主探究学习意识，增强实践能力，养成对信息技术的学习兴趣，提高信息素养。

（2）体验制作相册的乐趣，提高与人交流、分享的能力。

（3）形成热爱母校、尊敬师长、友爱同学的积极情感。

教学重点

（1）插入图片。

（2）设置幻灯片切换效果及自动换片方式。

（3）制作完整电子相册的步骤。

教学难点

（1）设置幻灯片切换效果及自动换片方式。

（2）调整图片大小和位置。

教学准备

数码相片（放置在共享文件夹）、电子相册范例、电子相册制作步骤示范视频、网络教室教学平台等。

教学过程

一、准备上课

（1）教师相继用两种方式给学生展示本班学生参加集体活动的相片：一种方式是直接打开，用普通的看图模式查看和用鼠标逐张点击切换；另一种方式是用 PowerPoint 演示文稿制作的动态呈现和自动切换相片。教师一边操作，一边引导学生思考："同学们喜欢哪种展示方式？为什么？"

（2）教师询问学生："这个有动态效果的电子相册是用什么软件制作的？大家还记得怎么用这个软件吗？"看完展示后，教师请学生尝试简单回答以上问题。

设计意图

教师通过比较法让学生清晰感知电子相册的优势，激发他们的学习兴趣。

二、初步了解制作步骤

（1）教师讲解制作电子相册的目的："我们可以把电子相册分享给家人和朋友看。我们现在九年级了，准备毕业了，制作毕业相册也是近期一件非常有意义的事情。"

设计意图

教师联系生活实际向学生明确学习目的，有利于学生学以致用。

（2）教师初步讲解制作要点："我们可以把数码相片作为图片，插入 PowerPoint 演示文稿的幻灯片。演示相册时，我们可以增加很生动的过渡动画效果，不用点击鼠标就可以让相册自动换片。增加切换效果和自动换片是利用 PowerPoint 中的'切换'菜单进行设置的。跟纸质相册不同，这种相册的动态呈现效果很好看，可以在电脑、手机中传播，所以我们把它称为'电子相册'。大家想知道它是怎么做成的吗？请看老师示范。"

设计意图

教师层层分析、步步引导，让学生初步感知学习内容，激发其求知欲。

（3）教师板书“制作电子相册”，一边示范完整的制作步骤，一边解说：

第一步：打开 PowerPoint→新建空白演示文稿→点击“设计”菜单→选择自己喜欢的模板样式。

第二步：单击“单击此处添加标题”→输入“我的相册”→在副标题处输入自己的姓名。

第三步：按右键新建幻灯片→点击“插入”菜单，选择“插入图片”→找到电脑桌面上自己的相片，插入→调整相片的大小→重复本步骤多次，添加多张相片。

第四步：点击“切换”菜单→选择自己喜欢的一种切换效果→勾选自动换片时间→设置换片时间为 5 秒。

第五步：通过菜单“幻灯片放映”命令播放相册，开始欣赏。

设计意图

教师在演示过程中清晰说明每个步骤，目的是让学生更容易达成学习目标。

三、分步制作电子相册

（1）教师播放课件，呈现含有文字提示和视频演示的制作步骤，引导学生一边看视频一边操作：“现在，请同学们开始制作。先制作第一步。第一步的制作要点是‘在“设计”菜单里选择一个自己喜欢的模板样式’。第一步的完成时间是 3 分钟。同学们制作时如果遇到问题，可以随时举手问老师。A 组同学完成后，可以口头提示旁边的 B 组同学。”教师巡视课堂，对遇到问题或操作不正确的学生进行个别辅导，对做得正确、认真的学生及时给予鼓励、表扬。3 分钟后，教师进行点评、小结。

（2）教师按照（1）的做法，引导学生制作第二至四步，具体要求如下：第二步的完成时间是 5 分钟，制作要点是“输入标题、姓名”，标题可以是“我的相册”或“毕业相册”等。第三步的完成时间是 6 分钟，制作要点是“新建幻灯片、插入图片”，分组任务：A 组任务是用 5～8 张相片制作同等数量的幻灯片，B 组任务是用 2～3 张相片制作同等数量的幻灯片。第四步的完成时间是 4 分钟，制作要点是“选择切换效果、设置自动换片”，切换效果有“平滑、淡入淡出、推入、擦除、揭开、覆盖、闪光、形状、随机”等，可以让学生多试几种，选择最喜欢、最恰当的效果。教师还应向学生说明，这是 2013 年版 PowerPoint 软件，其他版本的设置方法可能略有不同。

(3) 若A组学生完成上述4步，教师可提出新的要求：对文字、边框进行美化，设置更漂亮的颜色、样式效果。

设计意图

分步制作，能让学生容易理解相关技能；用课件呈现文字步骤和视频操作步骤，有助于学生准确掌握相关技能；任务式教学，能让学生有完成任务的动力和体验到完成任务后的成就感；分层教学，能让不同能力层次的学生得到合适的学习量。

四、分享展示电子相册

(1) 教师使用网络教室教学平台收集、展示学生的电子相册作品，引导学生分享作品。

(2) 学生分享时，教师同时询问学生："这张相片拍的是谁？什么时候拍的？在哪里拍的？你是用什么软件制作的？这个电子相册除了相片，你还加了什么内容，做了哪些设置？除了我们这些老师和同学，你还想把这个电子相册分享给谁看？"

设计意图

分享环节可让学生展示自我、互相学习；教师的引导式谈话，目的是加强学生对制作电子相册的整体认知，让学生巩固本节课所学的相关操作知识和技能，保持学习积极性。

五、总结

教师指着板书，梳理本节课的学习内容，总结："这节课，我们学习了用PowerPoint演示文稿制作电子相册的步骤，包括选择设计模板、插入图片、新建幻灯片、设置幻灯片切换效果和自动换片方式等。我们还体验到制作电子相册的乐趣。老师希望同学们能继续努力，学习更多有用的电脑知识和技能！"

设计意图

教师带领学生再次明晰制作电子相册的步骤，并鼓励学生继续努力学习信息技术。

板书设计

制作电子相册

步骤：

1. 新建演示文稿→选择设计模板
2. 输入标题、姓名
3. 新建幻灯片→插入图片→调整图片大小、位置
4. 选择切换效果→设置自动换片

设计意图

教师使用文字呈现操作步骤，有利于学生在清晰的指引下进行操作。

学习评价

《制作电子相册》学习评价表

评价教师：__________ **评价日期：**______年_____月_____日

受评学生：__________

说明：授课教师根据学生的课堂表现，在课后及时评价（如果有其他教师听课，授课教师可邀请听课教师一同参与评价）。请在相应的选项前打“√”。

（1）会新建 PowerPoint 演示文稿。

□ 0 分：无论教师如何提示，学生都不会做。

□ 1 分：教师一边指着屏幕具体位置，一边说明，学生会做。

□ 2 分：教师不用指屏幕位置，只给予说明，学生会做。

□ 3 分：不需要教师的任何提示，学生会独立做。

（2）会在菜单中选择“设计”板块里的模板。

□ 0 分：无论教师如何提示，学生都不会做。

□ 1 分：教师一边指着屏幕具体位置，一边说明，学生会做。

（续上表）

□ 2分：教师不用指屏幕位置，只给予说明，学生会做。

□ 3分：不需要教师的任何提示，学生会独立做。

（3）会在演示文稿中插入新幻灯片。

□ 0分：无论教师如何提示，学生都不会做。

□ 1分：教师一边指着屏幕具体位置，一边说明，学生会做。

□ 2分：教师不用指屏幕位置，只给予说明，学生会做。

□ 3分：不需要教师的任何提示，学生会独立做。

（4）会在演示文稿中插入图片。

□ 0分：无论教师如何提示，学生都不会做。

□ 1分：教师一边指着屏幕具体位置，一边说明，学生会做。

□ 2分：教师不用指屏幕位置，只给予说明，学生会做。

□ 3分：不需要教师的任何提示，学生会独立做。

（5）会调整图片大小和位置。

□ 0分：无论教师如何提示，学生都不会做。

□ 1分：教师一边指着屏幕具体位置，一边说明，学生会做。

□ 2分：教师不用指屏幕位置，只给予说明，学生会做。

□ 3分：不需要教师的任何提示，学生会独立做。

（6）会输入标题、制作者和图片说明。

□ 0分：无论教师如何提示，学生都不会做。

□ 1分：教师一边指着屏幕具体位置，一边说明，学生会做。

□ 2分：教师不用指屏幕位置，只给予说明，学生会做。

□ 3分：不需要教师的任何提示，学生会独立做。

（7）会设置幻灯片切换效果和自动换片方式。

□ 0分：无论教师如何提示，学生都不会做。

□ 1分：教师一边指着屏幕具体位置，一边说明，学生会做。

□ 2分：教师不用指屏幕位置，只给予说明，学生会做。

□ 3分：不需要教师的任何提示，学生会独立做。

教学评价

张老师在本节课中依托学生即将毕业的情境，指导学生把记录了身边熟悉的人物、活动等的相片制作成电子相册，能较好地体现“联系生活实际，解决生活问题”的课程理念。同时，张老师在课堂上给不同能力层次的学生安排力所能及的学习任务，而且能结合学生实际情况引导他们展开同伴协作学习，如A组同学完成后，能主动用口头语言提示旁边的B组同学，这些教学细节都较好地体现了“尊重个体差异，促进个性发展”的课程理念。

另外，张老师精心设计教学过程，将相对枯燥的电脑操作趣味化，将相对无序的电脑知识实用化、主题化，注重以生活为核心，强调解决实际问题，将信息技术的基础知识、基本技能和实践应用三方面有机结合，通过课堂活动中教师的精讲和学生的多练，促使学生将信息技术应用于生活。张老师的这种做法与信息技术课程标准所提出的教学建议相吻合。

在学习评价方面，张老师能依从信息技术课程标准所提出的评价建议，充分发挥自身的主导作用，在巡堂指导学生及学生分享作品时，均能及时给予准确的评价，正视学生所存在的问题及所取得的进步。课后，张老师还结合本节课具体教学目标自编学习评价表，详细记录学生在课堂中的表现，有助于后续向学生和家长反馈评价结果。

建议张老师在A组学生完成基本任务后、其他学生还在继续完成作业时，适时指导A组学生利用已学的知识和技能把作品做得更美观，并鼓励该组学生在分享环节大胆介绍自己的作品。

评价教师：陈海苑（广州市番禺区培智学校）

康复训练——动作训练

转移训练

授课教师：李刚（清远市特殊教育学校）
指导教师：陈海苑（广州市番禺区培智学校）

教学内容简介

《培智学校义务教育康复训练课程标准（2016 年版）》中，动作训练的课程目标是“提高学生的粗大、精细动作能力，以满足学生在日常生活及学习活动中的移动、运动、工具操作方面的需求”。而“姿势控制”“移动”“平衡与协调”三方面的课程内容包括：“1　姿势控制——1.4　能维持双膝跪位或单膝跪位”“2　移动——2.6　能进行姿势的转换（如由跪坐位到站立位、由蹲位到站立位等）”“3　平衡与协调——3.3　能在四点跪位进行活动　3.5　能在跪立位进行活动”。

基于上述课程目标和内容，结合受训学生的情况，本节课运用神经发育疗法中的 Bobath 技术，通过关键点的控制和推拉技巧，训练学生的核心肌力和下肢肌力，提高学生跪位姿势控制和从跪位到站立位的转移能力，增强学生的平衡能力，培养学生在情境中理解、听从指令的意识。

学生情况分析

本节课是个别训练课。受训学生康康是一名多重障碍学生（智力障碍伴随肢体障碍），男，14 岁。

在沟通方面，该生没有口语表达能力，但有表达意愿；对自己的名字和简单的指令有反应，但执行指令的能力较弱。在粗大运动方面，该生能独立行走（蹒跚步态），但是经常摔跤，降落伞反射弱。由于他的上肢肌力差，所以每次摔倒时，他都无力支撑身体，基本以脸着地。该生能完成从卧位到坐位的转换，在齐膝高度的椅凳上，能在辅助下完成从坐位到站立位的转换；在同样高度的椅子上，能完成从站立位到坐位的转换，但用时较长、无缓冲，不能较好地维持身体平衡；摔倒以后会坐在地上，不能站起；能勉强维持蹲的姿势，在教师的协助下进行下蹲训练时总是坐下；不能上、下台阶。在肌力方面，教师对该生进行了徒手肌力检查（MMT），依据 Lovett 肌力分级标准，该生的肌力大部分为 $4^{+}\sim5^{-}$ 级。其中，其下肢的髂腰肌、股四头肌、胫前肌等肌力为 $3^{+}\sim4^{-}$ 级，它们能充分抗重力、部分抗阻力。在生活自理方面，该生需要大量辅助，能力普遍较弱。

教学目标

一、知识与技能

能在教师的控制与诱发下，主动用力完成坐位→四点跪位→双膝跪位→单膝跪位→站立位的姿势转换；能在教师的控制与诱发下，由直立跪位转换成四点跪位，并在以上转移过程中维持自动态平衡和他动态平衡。

二、过程与方法

通过 Bobath 技术的关键点控制和诱发技巧，在辅助下主动完成姿势转换，并且维持自身的平衡状态。

三、情感、态度与价值观

体验完成动作的喜悦，养成主动完成转移动作的意识。

教学重点

（1）能在教师的控制与诱发下，完成坐位→四点跪位→双膝跪位→单膝跪位→蹲位→坐位的姿势转换。

（2）能在教师施行推拉技巧的诱发下，主动用力维持身体平衡和完成转移动作。

教学难点

能根据指令主动完成动作，直至独立完成转移动作。

教学准备

PVC 软垫若干，姿势矫正镜一面，海绵球一只。

教学过程

一、准备上课

（1）教师提前10分钟将学生从教室带到运动治疗室，让他依次坐在凳子、垫子上。然后，教师辅助学生脱鞋，学生耐心等待上课。

设计意图

教师通过一些简单的指令，让学生明白正在做什么；通过让他从站立位逐渐过渡到高坐位、低坐位，增加他的受训机会。另外，教师提前10分钟来接学生时，可辅助他从一楼教室走楼梯到达三楼运动治疗室，这对学生而言不失为一个训练机会。

（2）当上课铃声响起，教师向学生问好：“康康，我们上课了”，并示意学生以拍手表示知晓。

设计意图

教师使用简单的话语，让学生明白即将进入上课环节，养成良好的课堂行为习惯，发展沟通能力。

二、热身活动：拐磨拐，拉豆采

教师与学生面对面分腿坐好。教师分别将学生的双腿轻压在自己的腿下，双手分别拉住学生的手，一边进行前后推拉，一边唱：“拐磨拐，拉豆采，拉下糊糊请舅奶；拐磨拐，拉豆采，小狗吃了再来拐……”

设计意图

这是一个很古老的节律性亲子互动游戏，能激发学生的参与热情，提高学生的学习积极性。另外，教师通过手牵手的推拉，能刺激学生上肢和腰腹肌肉的收缩和伸展，并维持坐位平衡。

三、开展训练

1．从坐位到四点跪位的转移

（1）教师让学生坐在垫子上，将学生的左腿向右靠拢，用左手固定他的腿；教师用右手拉学生右侧的髋关节，诱发学生形成四点跪位。该操作先在同侧进行 5 次，再在对侧进行 5 次。

（2）学生处于四点跪位，教师在学生的两侧髋关节处施加向前、向后往返的力，刺激学生用手部进行支撑。学生能完成该动作后，教师利用学生喜欢的海绵球，诱导他做三点支撑，并抬起一只手去拿海绵球。

2. 从四点跪位到双膝跪位的转移

（1）教师把双手固定于学生的髋关节，进行水平前后推拉，刺激学生通过调整维持平衡。教师改变力的方向，向后上方稍作牵拉，让膝关节支撑在垫子上的学生在诱发下直起上身，形成双膝跪位。该操作进行 5 次。

（2）学生处于双膝跪位，教师通过在髋部施加不同方向的外力，刺激学生通过调整维持平衡。教师一边施加外力，一边告知学生："你现在是一个不倒翁，不要被老师推倒哦。"该操作进行不少于 5 次。

（3）教师施加足够的外力，迫使学生用手部支撑以防摔倒（形成四点跪位）。该操作进行不少于 5 次。

3. 从双膝跪位到单膝跪位的转移

（1）学生处于双膝跪位，教师在学生的身后水平前后、左右推拉他的髋关节，刺激学生通过调整维持平衡。然后，教师用左手固定学生的左侧髋关节，把右手置于学生的右侧髋关节，并施加一个向前的作用力。在教师的作用力下，学生将自己的右腿屈髋屈膝，形成单膝跪位。该操作先在同侧进行 5 次，再在对侧进行 5 次。

（2）学生处于单膝跪位，教师通过在髋部施加前后方向的外力，让学生感知重心的转移（承重腿用力的变化），刺激学生通过调整维持平衡。该操作进行不少于 5 次。

4. 从单膝跪位到站立位的转移

（1）学生处于单膝跪位，教师使用推拉技巧，从前后、左右多个方向施加外力，刺激学生通过调整维持平衡。教师把双手置于学生的两侧髋关节，先用右手施加一定的力，让学生将重心转移到右前方，再用左手向前给左侧髋关节施加一个作用力。这样，学生将左侧的膝盖离地，形成站立位。该操作先在同侧进行 5 次，再在对侧进行 5 次。

（2）学生处于站立位，教师通过对学生的髋关节施加不同的外力，以诱发学生产生髋对策、踝对策及跨步反应。采用每种反应模式不少于 2 次。

5. 从站立位蹲下并保持

（1）教师与学生手拉手，再同时蹲下。接着，教师前后推拉双手，刺激学生通过调整维持平衡。然后，教师让学生抱住自己的膝盖，呈"乞丐蹲"

姿态。该操作进行5次。

（2）学生处于蹲位，教师扶住学生的肩关节，或与学生手拉手，向学生施加向前或向后的力，让学生感知重心的转移。

6. 从蹲位到坐位的转移

教师让学生自己坐到垫子上。如果学生无法完成，教师可以与学生手拉手，辅助他完成。

7. 从坐位到站立位，再到坐位

教师将上述1~6的训练连贯起来，中间不作停顿。除了诱发和关键点的控制外，教师不再施加分步完成动作时刺激平衡反应的额外作用力。左、右两侧各操作5次。

设计意图

以上动作是“坐位→四点跪位→双膝跪位→单膝跪位→站立位，站立位→蹲位→坐位”为一个循环流程。其中，1~3的训练分步进行，而4~6的训练连贯进行。在各个动作转移过程中，教师会在某个姿势有所停留，并且施加外力，刺激学生维持平衡状态。而7是对前面训练的总结，教师和学生的动作一气呵成。需要特别说明的是，本节课所运用的Bobath技术适合脑瘫患者、脑卒中及脊髓损伤导致的功能障碍患者。依靠这种技术，在学生没有自主完成意识时，教师依然可通过关键点的控制和推拉技巧，诱发学生产生相应的动作。虽然从严格意义上讲，这种做法是学生在教师的辅助下完成动作，但是由于教师所施加的作用力很小或在学生启动运动后已撤销，所以学生基本上是依靠自己的力来完成动作的。另外，不倒翁游戏、海绵球的运用能使训练过程更具趣味性。

四、下课

（1）准备下课时，教师提醒学生穿鞋子，并且尽量让其自主完成。

（2）下课铃声响起时，教师向学生道别：“康康，下课了！再见!”

设计意图

教师给予明确的信号，是为了帮助学生理解上、下课的概念。

学习评价

《转移训练》学习评价表

评价教师：______________ **评价日期：**________年______月______日

受评学生：________

说明：本评价表由两部分组成。

第一部分　课后评价（短期评估）

说明：授课教师根据学生的课堂表现，在课后及时评价（如果有其他教师听课，授课教师可邀请听课教师一同参与评价）。请在相应的选项前打“√”。

（1）从坐位到四点跪位的转移。

☐ 0分：无论教师如何控制关键点、施加诱发，学生都不完成动作。

☐ 1分：教师全程控制关键点、施加诱发，学生被动完成动作。

☐ 2分：教师控制关键点、施加诱发，学生能从中期到末期主动用力完成动作。

☐ 3分：教师控制关键点、施加诱发，学生能从初期到末期主动用力完成动作。

☐ 4分：教师控制关键点、不施加诱发，学生能从初期到末期主动用力完成动作。

☐ 5分：教师不控制关键点、不施加诱发，学生能从初期到末期主动用力完成动作。

（2）从四点跪位到双膝跪位的转移。

☐ 0分：无论教师如何控制关键点、施加诱发，学生都不完成动作。

☐ 1分：教师全程控制关键点、施加诱发，学生被动完成动作。

☐ 2分：教师控制关键点、施加诱发，学生能从中期到末期主动用力完成动作。

☐ 3分：教师控制关键点、施加诱发，学生能从初期到末期主动用力完成动作。

（续上表）

□ 4分：教师控制关键点、不施加诱发，学生能从初期到末期主动用力完成动作。

□ 5分：教师不控制关键点、不施加诱发，学生能从初期到末期用力完成动作。

（3）从双膝跪位到单膝跪位的转移。

□ 0分：无论教师如何控制关键点、施加诱发，学生都不完成动作。

□ 1分：教师全程控制关键点、施加诱发，学生被动完成动作。

□ 2分：教师控制关键点、施加诱发，学生能从中期到末期主动用力完成动作。

□ 3分：教师控制关键点、施加诱发，学生能从初期到末期主动用力完成动作。

□ 4分：教师控制关键点、不施加诱发，学生能从初期到末期主动用力完成动作。

□ 5分：教师不控制关键点、不施加诱发，学生能从初期到末期主动用力完成动作。

（4）从单膝跪位到站立位的转移。

□ 0分：无论教师如何控制关键点、施加诱发，学生都不完成动作。

□ 1分：教师全程控制关键点、施加诱发，学生被动完成动作。

□ 2分：教师控制关键点、施加诱发，学生能从中期到末期主动用力完成动作。

□ 3分：教师控制关键点、施加诱发，学生能从初期到末期主动用力完成动作。

□ 4分：教师控制关键点、不施加诱发，学生能从初期到末期主动用力完成动作。

□ 5分：教师不控制关键点、不施加诱发，学生能从初期到末期主动用力完成动作。

（续上表）

（5）从站立位蹲下并保持。 □ 0分：无论教师如何控制关键点、施加诱发，学生都不完成动作。 □ 1分：教师全程控制关键点、施加诱发，学生被动完成动作。 □ 2分：教师控制关键点、施加诱发，学生能从中期到末期主动用力完成动作。 □ 3分：教师控制关键点、施加诱发，学生能从初期到末期主动用力完成动作。 □ 4分：教师控制关键点、不施加诱发，学生能从初期到末期主动用力完成动作。 □ 5分：教师不控制关键点、不施加诱发，学生能从初期到末期主动用力完成动作。 （6）从蹲位到坐位的转移。 □ 0分：无论教师如何控制关键点、施加诱发，学生都不完成动作。 □ 1分：教师全程控制关键点、施加诱发，学生被动完成动作。 □ 2分：教师控制关键点、施加诱发，学生能从中期到末期主动用力完成动作。 □ 3分：教师控制关键点、施加诱发，学生能从初期到末期主动用力完成动作。 □ 4分：教师控制关键点、不施加诱发，学生能从初期到末期主动用力完成动作。 □ 5分：教师不控制关键点、不施加诱发，学生能从初期到末期主动用力完成动作。

第二部分　功能评价（长期评估）

说明：授课教师、班主任、家长根据学生日常生活表现，每月分别填写一份评价表，历时至少一个学期。请在相应的选项前打“√”。

（1）上楼梯。

□ 0 分：在辅助下仍不能完成。

□ 1 分：大量辅助上楼梯，行至步完成。

□ 2 分：少量辅助上楼梯，行至步完成。

□ 3 分：独立上楼梯，行至步完成。

□ 4 分：辅助上楼梯，交替步完成。

□ 5 分：独立上楼梯，交替步完成。

（2）下楼梯。

□ 0 分：在辅助下仍不能完成。

□ 1 分：大量辅助下楼梯，行至步完成。

□ 2 分：少量辅助下楼梯，行至步完成。

□ 3 分：独立下楼梯，行至步完成。

□ 4 分：辅助下楼梯，交替步完成。

□ 5 分：独立下楼梯，交替步完成。

（3）摔倒次数。

□ 0 分：每月≥4 次。

□ 1 分：每月 3 次。

□ 2 分：每月 2 次。

□ 3 分：每月 1 次。

□ 4 分：每月 0 次。

□ 5 分：两月以上无摔倒。

（4）从坐位到站立位的转移。

□ 0 分：不能从高于膝盖的椅子上站起。

□ 1 分：能从高于膝盖的椅子上站起。

（续上表）

□ 2 分：能从与膝盖持平的椅子上站起。
□ 3 分：能从低于膝盖 1/3 高度的凳子上站起。
□ 4 分：能从低于膝盖 2/3 高度的凳子上站起。
□ 5 分：坐在地上能站起。
（5）从站立位到坐位的转移。
□ 0 分：能在辅助下从站立位坐到高于膝盖的椅子上。
□ 1 分：能从站立位独立坐到高于膝盖的椅子上，并维持平衡。
□ 2 分：能从站立位独立坐到与膝盖持平的椅子上，并维持平衡。
□ 3 分：能从站立位独立坐到低于膝盖 1/3 高度的凳子上，并维持平衡。
□ 4 分：能从站立位独立坐到低于膝盖 2/3 高度的凳子上，并维持平衡。
□ 5 分：能从站立位独立坐到地上，并维持平衡。

教学评价

康复训练课程以促进学生能力提升和身心健康发展为主要目的，遵循“以学生为本、个别化教育和全方位支持”三大理念。李老师把学生在生活适应中迫切要提升的基础能力“体位转换”作为本节课的教学目标，在准确评估学生粗大动作现有水平的前提下，运用神经发育疗法中的 Bobath 技术开展科学、有效的康复训练，实现了缺陷补偿和潜能开发，很好地体现了“以学生为本”的课程理念。李老师开展个别训练课，则体现了“个别化教育”的课程理念。另外，本节课运用的 Bobath 技术全面体现了“支持”理念，例如，在学生没有自主完成意识时，教师依然可通过关键点的控制和推拉技巧，诱发学生产生相应的动作。

在教学内容选择和实施方面，李老师针对学生的转移障碍，制定相关的训练内容，并将日常生活中用到的 BADL（基本生活活动能力，如“穿、脱鞋子”“上、下楼梯”等活动）融合到上课前和下课后，较好地体现了康复训练课程标准的教学建议“恰当选择内容，有机拓展教学资源”。

在学习评价方面，李老师除了制定本节课的课后评价表外，还专门制定了贴合本节课训练内容的功能评价表。一方面，这种做法能较好地评价训练内容的适切性和合理性，以便对今后的训练内容和目标进行动态调整；另一方面，具有针对性的评价内容使评价结果对于康复训练更具指导意义。此外，有授课教师进行评价，还有学生的家长和班主任通过日常观察定期进行评价，体现了评价主体的多元化。

建议李老师在训练中多运用正强化手段，使学生参与训练的积极性更高，康复效果更好。

评价教师：陈海苑、张二妮（广州市番禺区培智学校）

康复训练——感知觉训练

我的身体真神奇：搬运工

授课教师：张二妮（广州市番禺区培智学校）
指导教师：陈海苑（广州市番禺区培智学校）

教学内容简介

《培智学校义务教育康复训练课程标准（2016 年版）》在“感知觉训练”模块的课程分目标是“提升视觉、听觉、触觉、味觉、嗅觉、前庭与本体觉以及综合运用的能力，以满足学生日常生活及学习活动中对不同信息接收、处理、运用等方面的要求”；“感知觉训练”模块中“前庭与本体觉”学习领域的课程内容是“在不同状态能感知身体各部的位置”“在运动或受到外力作用时，能保持身体平稳”“在活动中能维持身体协调”。

基于上述课程目标和内容，教师采用自编教材进行教学，其中《我的身体真神奇》单元包括“抢豆袋”“裹粽子”“捶揉捏”“搬运工”等内容。本节课的主题是“我的身体真神奇：搬运工”，主要指导学生在不同的移行体位中，感知头、手、脚、屁股、肚子、腿等身体各部位的具体位置；在活动中维持身体协调，发展身体的前庭与本体觉以及综合运用各种感觉的能力；在情境中形成听从指令的意识。

学生情况分析

本节课是小组训练课。受训学生是一年级学生，共 3 名。

兰：重度发育迟缓；全身肌肉张力偏低，本体感觉迟钝；对身体各部位感知不足；没有物体恒存概念；对自己的名字有反应，较难理解课堂上大部分口语指令，没有口语表达能力；情绪稳定。

霖：自闭症，伴随重度智力障碍；触觉有轻度敏感；对身体各部位有一定的感知，但不能指认身体各部位；具备物体恒存概念；对自己的名字有反应，能理解课堂中常用指令的关键词，能说简单的字词；视觉学习占优势；课堂上有时较冲动，偶尔出现发脾气抓伤同学的行为。

琛：自闭症，伴随重度智力障碍；本体感觉能力弱；对身体各部位感知不足；初步建立物体恒存概念；对自己的名字有反应，较难理解课堂上大部分口语指令，没有口语表达能力；情绪不稳定，经常有哭闹行为。

在前几节课里，学生已参与“我的身体真神奇”之“抢豆袋”“裹粽子”“捶揉捏”等提升全身前庭与本体觉的游戏活动，情绪的稳定性有明显提升，课堂上较愿意跟随教师完成学习活动，与教师进行身体互动的意愿较强烈。

教学目标

一、知识与技能

兰：在臀行①、爬行、跪行的过程中，能在教师的少量肢体协助下，分别用肚子、头、手运送沙包、毛绒玩偶、软式排球和体操棒，初步感知肚子、头、屁股、手、脚在身体的具体位置及沙包、毛绒玩偶、软式排球和体操棒的不同。

霖：在臀行、爬行、跪行和倒退跪行的过程中，能在教师的讲解示范下，分别用肚子、头、手运送沙包、毛绒玩偶、软式排球和体操棒，准确感知肚子、头、屁股、手、脚在身体的具体位置，了解倒退跪行时自己的身体、体操棒和同伴在空间中的相对位置关系，准确感知沙包、毛绒玩偶、软式排球和体操棒的不同。

琛：在臀行、爬行、跪行和倒退跪行的过程中，能在教师的讲解示范及环境的支持下，分别用肚子、头、手运送沙包、毛绒玩偶、软式排球和体操棒，初步感知肚子、头、屁股、手、脚在身体的具体位置及沙包、毛绒玩偶、软式排球和体操棒的不同。

二、过程与方法

在臀行、爬行、跪行的过程中，通过自己的体验学习，感知身体各部位的具体位置及运送不同材质、重量物品的感觉，发展前庭与本体觉以及综合运用各种感觉的能力。

三、情感、态度与价值观

兰：在生活情境中，初步形成听从简单指令的意识。

霖和琛：在生活情境中，养成听从简单指令的习惯。

① 本课中，臀行即手背撑，臀部着地。

教学重点

感知身体各部位的具体位置及运送不同材质、重量物品的感觉。

教学难点

养成听从简单指令的习惯。

教学准备

（1）三张长 50 厘米、宽 40 厘米、高 30 厘米的楔形垫；沙包、毛绒玩偶、软式排球、体操棒、小零食若干。

（2）音乐作品若干；课堂流程图卡片、名字卡片和小红花若干。

教学过程

一、准备上课

1. 静待上课

训练室里播放舒缓的音乐。教师站在门口，向学生挥手打招呼，引导学生找到贴有自己名字的楔形垫，安坐在垫上，等待上课。

设计意图

舒缓的音乐和上课铃声形成鲜明的刺激对比，能让学生感知上课和下课的不同，形成课堂常规。学生在楔形垫上安坐，能加强核心屈曲本体感觉的输入，抑制冲动，为接下来的学习活动做好准备。

2. 师生问好

上课铃声响起后，教师关闭音乐，跪坐在距离学生约 1 米的地垫上，一边鞠躬、挥手，一边说“同学们好”。对于兰、琛，教师用击掌、抚触头部的方式和他们问好，并旁白“老师好”。

设计意图

教师使用跪坐的体位，能和学生水平对视，减少学生的紧张情绪；与学生保持约1米的距离，能及时对学生的行为予以协助。考虑到兰和琛不能使用口语表达，教师通过触觉和本体感觉与他们进行互动，能让他们感知到教师的关注和善意。

3. 点名活动

首先，教师说："同学们，准备上课了。我们先点名，看看今天谁到了。"接着，教师相继大声说"张老师""到"，并从盒子里抓起一个沙包，丢进旁边的透明罐子里。然后，教师相继大声说"霖""琛""兰"。学生依次在教师的眼神、肢体等协助下，从盒子里抓起一个沙包，丢进旁边的透明罐子里。兰和琛丢沙包时，教师旁白"到"。最后，教师相继大声说"霖""琛""兰"，并把软式排球抛给相应的学生；学生把球接住。兰和琛主动接球的同时，教师旁白"到"。随后，教师大声说"张老师"，示意学生把球抛回给自己。学生主动回抛球时，教师及时用语言、眼神或肢体表扬或表示肯定。

设计意图

教师遵循"从'人和物互动'逐渐发展到'人和人互动'"的原则来安排点名活动，有利于提升学生的课堂关注能力和对成功的体验感。每次点名时，教师先进行示范，再与能力较好的霖互动，最后与能力较弱的琛和兰互动，能让能力较弱的学生获得更多观察学习的机会，避免产生紧张情绪。在器材方面，教师选择透明罐子来放置丢进去的沙包，能帮助学生理解自身行为的结果，使学生通过形象的视觉回馈理解"点名"这一抽象概念。另外，沙包和软式排球这两种物品的材质和重量都差别很大，有助于学生发展触觉和本体感觉。同时，让学生在本环节先熟悉本节课主要的活动器材，能为接下来的教学活动做好铺垫。

4. 预告内容

教师先拍手引起学生的关注，再一边讲解"同学们，我们看看本节课有哪些内容""1. 热身　2. 游戏　3. 兑奖"，一边把流程图和相应的卡片呈现在代币板上（代币板距离学生约2米）。

设计意图

简单明了的流程图能帮助学生理解本节课的内容和知识结构，有利于稳定学生情绪。教师把代币板安排在距离学生约2米的地方，一方面有助于引起学生的关注；另一方面有助于教师关注全部学生，并对能力较弱的学生及时提供支持。

二、热身活动

1. 身体律动

教师播放律动儿歌《我的身体》“我的头，我的肩，这是我的胸。我的腰，我的腿，这是我的肚子。小小手，小小手，小手真可爱，上面还有我的10个手指头。我的头，我的肩，这是我的胸。我的腰，我的腿，这是我的膝盖。小小脚，小小脚，小脚真可爱，上面还有我的10个脚趾头”，在距离学生约2米的地方，一边跟着儿歌唱，一边示范动作。学生坐在楔形垫上，跟随教师模仿动作。

设计意图

以前学生已学过律动儿歌《我的身体》。本节课中，教师利用熟悉、简单的律动儿歌开展热身活动，以激发学生的参与积极性。同时，教师一边做，一边唱，鼓励学生大胆发音和模仿动作。尤其是唱到头、肩、胸、腰、腿、肚子、手、膝盖和脚时，教师使用夸张的声音和动作，能帮助学生加强对自己身体各部位的感知和记忆。

2. 比比谁快

首先，教师说：“请你跟着我这样做。我们比一比，看谁快?”然后，教师一边说“头”“手”“肚子”“屁股”“腿”“脚”，一边在自己的身体上指出相应的部位。学生模仿教师的动作。最后，教师一边说“拍拍头”“拍拍手”“拍肚子”“拍屁股”“拍拍腿”“拍拍脚”等指令，一边夸张地做相应的动作。学生模仿教师的动作。

设计意图

该环节能让学生加深对自己身体各部位的认识，并在拍头、拍手、拍肚子、拍屁股等的过程中感知头部、肢体、肚子、屁股等的具体位置，形成自己的身体图示。另外，本活动从名词“头”“手”等过渡到动宾短语“拍拍头”“拍拍手”等，有利于发展学生的口语理解能力。

三、开展游戏

1. 臀行运物

教师一边示范以臀行用肚子运送沙包到指定地点并投掷到储物箱里，一边讲解：“同学们，像老师这样做，用肚子把沙包运到箱子里。谁能做到，就可得到小红花。”

教师分别用红色、黄色的地垫标记出兰和琛的运送路线，并在他们运送时全程陪伴；如果沙包快掉下来，教师会及时提醒或帮忙把它放回原位。霖则独立完成任务。

学生完成任务后，教师及时把小红花贴到相应的名字卡片旁边，并出示糖果实物，强调“××，你运沙包好棒！得到了小红花，等下可以换糖果哦”。

设计意图

教师设计臀行的体位、用肚子运送有一定重量的沙包，是为了让学生明确感知手、脚、屁股和肚子在身体的具体位置，加强身体的本体感觉。另外，学生使用臀行的体位，有助于发展前庭平衡感和身体协调能力。对兰和琛的行进路线用红色和黄色地垫进行区分，目的是提供明显的视觉支持，降低活动难度，让学生较易体验成功。教师奖励小红花，能促使学生积极参与活动。由于兰和琛的理解能力较弱，所以教师及时出示糖果实物，强调“因为运沙包很棒，完成任务了，所以得到奖励”，帮助他们理解自己的行为、小红花和糖果的关联性。

2. 爬行运物

教师一边示范以爬行的动作用头拱毛绒玩偶到指定地点并投掷到储物箱里，一边讲解：“同学们，像老师这样做，爬着用头把毛绒玩偶运到箱子里。谁能做到，就可得到小红花。”

教师分别用红色、黄色的地垫标记出兰和琛的运送路线，并在他们运送时全程陪伴；如果毛绒玩偶快掉下来，教师会及时提醒或帮忙把它放回原位。对于霖，教师使用语言引导他完成任务。

学生完成任务后，教师及时把小红花贴到相应的名字卡片旁边，并出示糖果实物，强调“××，你运毛绒玩偶好棒！得到了小红花，等下可以换糖果哦”。

设计意图

教师设计爬行的体位，是为了发展学生的前庭平衡感觉系统；同时，学生用头抵地面地爬行，能感知头、手和脚在身体的具体位置，进一步发展身体的本体感觉和协调运用能力。另外，教师使用颜色鲜艳、形态可爱、触感良好的毛绒玩偶，能提高学生参与活动的积极性，也能帮助霖改善触觉敏感的状况。

3. 跪行运物

教师一边示范以跪行双手抱软式排球到指定地点并投掷到储物箱里，一边讲解："同学们，像老师这样做，跪走着把球运到箱子里。谁能做到，就可得到小红花。"

教师分别用红色、黄色的地垫标记出兰和琛的运送路线，并在他们运送时全程陪伴，及时提醒他们注意地垫颜色，以免偏离方向。霖则独立完成任务。

学生完成任务后，教师及时把小红花贴到相应的名字卡片旁边，并出示糖果实物，强调"××，你运球好棒！得到了小红花，等下可以换糖果哦"。

设计意图

教师设计跪行的体位，是为了在发展学生骨盆动作控制能力的基础上，进一步发展学生的核心本体感觉、前庭平衡感觉系统。另外，教师使用颜色鲜艳、触感良好的软式排球，能提高学生参与活动的积极性，也能帮助霖改善触觉敏感的状况。

4. 合作运物

首先，教师和霖示范"合作运体操棒"：教师前进跪走，霖倒退跪走；两人抓着两根体操棒到达指定地点，投掷到储物箱里；教师讲解："同学们，像我们这样做，一起把棒子运到箱子里。谁能做到，就可得到小红花。"

然后，教师安排兰和霖一组，兰前进跪走，霖倒退跪走，在红色运送路径练习。教师自己和琛一组，教师前进跪走，琛倒退跪走，在黄色运送路径练习。其间，教师提醒学生留意地垫颜色，以免偏离方向。

学生完成任务后，教师及时把小红花贴到相应的名字卡片旁边，并出示糖果实物，强调"××，你做得好棒！得到了小红花，等下可以换糖果哦"。

设计意图

教师设计跪行和倒退跪行的体位，是为了在发展学生骨盆动作控制能力的基础上，进一步发展学生的核心本体感觉。对于骨盆控制相对较好的霖和琛，教师设计倒退跪行的体位，是为了在排除视觉的情况下，进一步发展学生的背后本体感觉，帮助他们建立自身在空间中的相对位置概念。由于这两位学生刚刚发展出倒退跪行能力，所以教师设计合作运棒，通过手部扶持缓解学生心里的紧张情绪，以达到使学生获得良好体验的目的。

四、兑换奖励

1. 安坐等待

教师组织学生找到贴有自己名字卡片的楔形垫，安坐在垫上，耐心等待。

设计意图

学生在楔形垫上安坐，能加强核心屈曲本体感觉的输入，抑制冲动，为接下来的学习活动做好准备。

2. 点数红花

教师拿出代币板，引导学生一边取回自己的小红花，一边跟随教师点数："1、2、3、4，哇！有4朵小红花，能换4个好吃的零食，真不错！"

设计意图

本环节能让学生初步感知数的概念。

3. 兑换奖品

教师出示山楂饼、海苔、QQ糖等小零食，相继询问学生："你喜欢吃哪个？"学生拿出小红花，与教师兑换自己选择的小零食。教师再次引导学生点数，例如："1、2、3、4，哇！你通过努力，得到4块小饼干，太棒了！"

设计意图

教师呈现多个奖品，给学生主动选择的权利，能增强学生的参与动机，有利于他们形成良好的自我意识。同时，教师旁白"1、2、3、4"，让学生用一朵小红花换一个奖品，有助于学生建立交换和一一对应的概念。

五、整理小结

1. 收拾活动

教师说："同学们，这节课的任务都完成了。接下来，我们一起整理器材，准备下课。"教师带领学生把沙包、软式排球等归类，放回置物架上。

设计意图

教师带领学生收拾整理，有助于学生养成及时收拾物品、归类摆放物品的好习惯。

2. 下课道别

下课铃声响起时，教师播放舒缓的音乐，跟学生挥手道别。

设计意图

舒缓的音乐和下课铃声形成鲜明的刺激对比，有助于学生感知上课和下课的不同，形成课堂常规。

板书设计

我的身体真神奇：搬运工

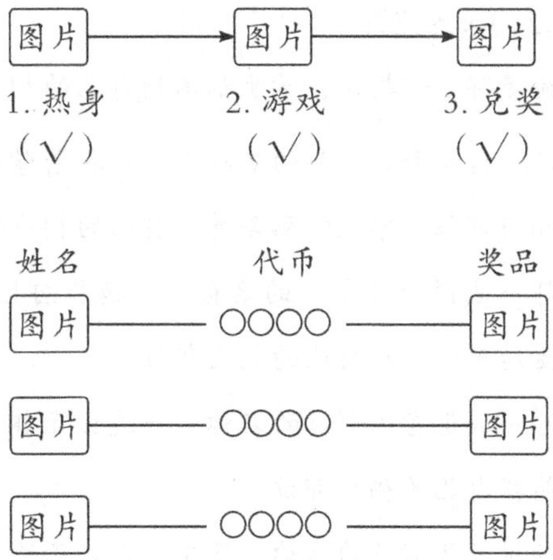

设计意图

教师张贴学生热身等活动照片，用图文结合的方式简单明了地把一节课的流程呈现出来；每当学生完成一个环节，教师就在下面打钩，有利于学生稳定情绪、形成课堂常规。代币板中，“姓名”一栏上，教师直接用学生的照片，方便学生理解；“代币”一栏上，教师用两种颜色分隔，方便学生观察；学生姓名、所赚代币、奖品之间用线条相连接，是为了给学生提供视觉支持，帮助学生明白“自我”的概念，以最大限度发挥代币的功效。

学习评价

《我的身体真神奇：搬运工》学习评价表

评价教师：______________ **评价日期：**________年______月______日

受评学生：______________

说明：授课教师根据学生的课堂表现，在课后及时评价（如果有其他教师听课，授课教师可邀请听课教师一同参与评价）。另外，兰不需要接受题目（10）的评价。请在相应的选项前打“√”。

（1）能感知自己的头的位置。

□ 0 分：无论教师如何提示，学生都不指自己的相应部位。

□ 1 分：教师一边说身体部位的名称，一边拉着学生的手指学生的相应部位，学生能配合着指自己的相应部位。

□ 2 分：教师一边说身体部位的名称，一边指自己的相应部位，学生能模仿着指自己的相应部位。

□ 3 分：教师一边说身体部位的名称，一边出示相应的图片，学生能指自己的相应部位。

□ 4 分：教师说身体部位的名称，学生能指自己的相应部位。

（2）能感知自己的肚子的位置。

□ 0 分：无论教师如何提示，学生都不指自己的相应部位。

□ 1 分：教师一边说身体部位的名称，一边拉着学生的手指学生的相应部位，学生能配合着指自己的相应部位。

□ 2 分：教师一边说身体部位的名称，一边指自己的相应部位，学生能模仿着指自己的相应部位。

□ 3 分：教师一边说身体部位的名称，一边出示相应的图片，学生能指自己的相应部位。

□ 4 分：教师说身体部位的名称，学生能指自己的相应部位。

（续上表）

(3) 能感知自己的屁股的位置。

☐ 0分：无论教师如何提示，学生都不指自己的相应部位。

☐ 1分：教师一边说身体部位的名称，一边拉着学生的手指学生的相应部位，学生能配合着指自己的相应部位。

☐ 2分：教师一边说身体部位的名称，一边指自己的相应部位，学生能模仿着指自己的相应部位。

☐ 3分：教师一边说身体部位的名称，一边出示相应的图片，学生能指自己的相应部位。

☐ 4分：教师说身体部位的名称，学生能指自己的相应部位。

(4) 能感知自己的手的位置。

☐ 0分：无论教师如何提示，学生都不指自己的相应部位。

☐ 1分：教师一边说身体部位的名称，一边拉着学生的手指学生的相应部位，学生能配合着指自己的相应部位。

☐ 2分：教师一边说身体部位的名称，一边指自己的相应部位，学生能模仿着指自己的相应部位。

☐ 3分：教师一边说身体部位的名称，一边出示相应的图片，学生能指自己的相应部位。

☐ 4分：教师说身体部位的名称，学生能指自己的相应部位。

(5) 能感知自己的脚的位置。

☐ 0分：无论教师如何提示，学生都不指自己的相应部位。

☐ 1分：教师一边说身体部位的名称，一边拉着学生的手指学生的相应部位，学生能配合着指自己的相应部位。

☐ 2分：教师一边说身体部位的名称，一边指自己的相应部位，学生能模仿着指自己的相应部位。

☐ 3分：教师一边说身体部位的名称，一边出示相应的图片，学生能指自己的相应部位。

☐ 4分：教师说身体部位的名称，学生能指自己的相应部位。

（续上表）

（6）能感知沙包、软式排球、毛绒玩偶和体操棒的不同。 □ 0分：无论教师如何协助，学生都不把手伸进不透明袋子里拿物品。 □ 1分：教师一边说物品的名称，一边拉着学生从不透明袋子里凭感觉拿出相应的物品，学生能配合着做。 □ 2分：教师一边说物品的名称，一边出示相应的实物，学生能从不透明袋子里凭感觉拿出相应的物品。 □ 3分：教师一边说物品的名称，一边出示相应的图片，学生能从不透明袋子里凭感觉拿出相应的物品。 □ 4分：教师说物品的名称，学生能从不透明袋子里凭感觉拿出相应的物品。 （7）能感知臀行体位。 □ 0分：无论教师如何提示，学生都不做。 □ 1分：教师一边说“臀行”，一边拉着学生做相应的动作，学生能配合着做。 □ 2分：教师一边说“臀行”，一边示范相应的动作，学生能模仿着做。 □ 3分：教师一边说“臀行”，一边出示相应的图片，学生能做相应的动作。 □ 4分：教师说“臀行”，学生能主动做相应的动作。 （8）能感知爬行体位。 □ 0分：无论教师如何提示，学生都不做。 □ 1分：教师一边说“爬行”，一边拉着学生做相应的动作，学生能配合着做。 □ 2分：教师一边说“爬行”，一边示范相应的动作，学生能模仿着做。 □ 3分：教师一边说“爬行”，一边出示相应的图片，学生能做相应的动作。 □ 4分：教师说“爬行”，学生能主动做相应的动作。

（续上表）

(9) 能感知跪行体位。

☐ 0分：无论教师如何提示，学生都不做。

☐ 1分：教师一边说“跪行”，一边拉着学生做相应的动作，学生能配合着做。

☐ 2分：教师一边说“跪行”，一边示范相应的动作，学生能模仿着做。

☐ 3分：教师一边说“跪行”，一边出示相应的图片，学生能做相应的动作。

☐ 4分：教师说“跪行”，学生能主动做相应的动作。

(10) 能感知倒退跪行体位。

☐ 0分：无论教师如何提示，学生都不做。

☐ 1分：教师一边说“倒退跪行”，一边拉着学生做相应的动作，学生能配合着做。

☐ 2分：教师一边说“倒退跪行”，一边示范相应的动作，学生能模仿着做。

☐ 3分：教师一边说“倒退跪行”，一边出示相应的图片，学生能做相应的动作。

☐ 4分：教师说“倒退跪行”，学生能主动做相应的动作。

教学评价

课前，张老师能根据学生的基线水平，制定不同的教学目标。课中，张老师能设计结构化的教学流程，在上、下课时提供明确、固定的音乐信号；在准备、热身和兑奖环节，无论是位置（距离学生1米或2米）、体位（跪坐），还是代币制与实物奖励相结合等方面，张老师均能从学生实际出发，尊重个体差异。在开展游戏部分，张老师为学生设计有难度差别的活动，并提供不同程度的支持，如扶持学生倒退跪行和握体操棒倒退跪行，为兰和琛铺设颜色鲜明的地垫予以视觉提示，关注学生的感觉接受能力，提供沙包、毛绒玩偶、软式排球和体操棒等活动器材。张老师的上述做法均体现了康复训练课程标准“以学生为本”“个别化教育”“全方位支持”的理念。

另外，康复训练课程标准提出“全面落实课程目标”“有机拓展教学资源”“多元有效开展训练”等教学建议。本节课，张老师能结合日常生活和学习情境，开展有意义的功能康复活动，如“肚子运沙包”“头顶毛绒玩偶”等，将康复训练与日常生活、学习有机结合，为学生提供丰富且符合其身心发展的康复服务，收到良好的课堂训练效果。

在学习评价部分，张老师能紧密结合教学目标，自编学习评价表，及时考查学生的课堂表现。据此得到的评价结果不仅能为教师、家长提供学生动作能力发展的信息，也能让相关人员发现学生的特殊需要和身心发展优势，对后续调整和修订康复训练方案、改进康复训练方法大有裨益。可见，张老师的做法符合康复训练课程标准所提出的“评价结果的指导性”的评价建议。

鉴于课堂中学生的实际情况及感知觉训练常态化的特点，建议张老师紧密结合学生的个别化教育计划，制定长期目标评价表，让班主任和学生的主要照顾者在日常生活、学习中用评价指导康复，以更好地促进学生感知觉能力的发展。

评价教师：陈海苑（广州市番禺区培智学校）、李刚（清远市特殊教育学校）

康复训练——沟通与交往训练

我会有礼貌地请客人喝茶、吃东西

授课教师：张姗（广州市番禺区培智学校）
指导教师：陈海苑（广州市番禺区培智学校）

教学内容简介

《培智学校义务教育康复训练课程标准（2016年版）》中，“沟通与交往训练”模块的课程目标提到“要提升非语言沟通、口语沟通等基础能力，以满足学生日常生活及学习活动中沟通交往的需求”。“沟通与交往训练”模块的课程内容包括“非语言沟通”和“口语沟通”两个部分。在“非语言沟通”部分，课程标准提出“能用表情、动作或沟通辅具等非语言的方式向他人传递信息，包括表达礼貌用语，表达需求/拒绝，表达自己的情绪，简单描述事件”。在“口语沟通”部分，课程标准提出“能听懂词语、词组及日常沟通中的简单句”。

基于上述课程目标和内容，教师采用自编教材，把本节课的教学内容设定为“我会有礼貌地请客人喝茶、吃东西”，主要指导学生在请客人进食时，能双手把茶水、食物递给客人，同时用沟通辅具表达“××，请喝茶”“××，请吃东西”，以提升学生在待客情境中的沟通交往能力，满足其沟通交往的需求。虽然在日常生活中，学生把茶水、食物递给客人，伴随微笑、点头这些表情或动作，客人也能明白学生在请自己进食，即学生的这些行为已能达到沟通的目的，但是简单的动作、表情不足以满足学生以后日渐复杂的表达需求。因此，在沟通与交往训练课上，教师仍需注重提高学生表达完整句子的能力，帮助学生建构其内在语言，为满足学生日常生活及学习中复杂的沟通交往需求奠定基础。

学生情况分析

本节课是小组训练课。受训学生共有3名，为中、高年级中度智力障碍学生（睿为五年级学生，茂为六年级学生，欣为七年级学生）。

他们能认识简单的汉字，听懂常用的指令，听懂一般疑问句和特指疑问句（如使用“谁、哪里、哪个、什么地方、做什么”等）。在口语表达方面，睿能用5个字左右的简单句简单描述事件，但构音清晰度差，仅能让熟悉的人在特定情境下听懂他说的话。茂能说简单的词语（如爸爸、喝水等），但平时较少用口语表达。欣能说简单的叠词（如爸爸、妈妈等），较多用声音配合手势动作简单描述事件，仅能让熟悉的人在特定情境下理解她的表达。在沟通互动方面，他们均较主动，沟通形式为口语或声音配合手势动作，沟通对象和沟通需求多样化。

由于3名学生的口语能力有限，所以他们均在学习使用沟通辅具。其中，睿的沟通辅具为安装在 iPad 上的沟通软件“听我打”，沟通符号为汉字；茂和欣的沟通辅具均为点读笔，沟通符号为汉字结合图片（其中汉字大、图片小）。

经过前段时间的学习后，学生能判断主人和客人，正确称呼客人，认识叔叔、阿姨、爷爷、奶奶、哥哥、姐姐、喝茶、吃东西等词语（其中，睿能认识这些词语的汉字，茂、欣能认识有小图提示的字卡）。学生已对待客有一定的经验，能双手把茶水、食物递给客人，只是主动性有待加强。

教学目标

一、知识与技能

睿：请客人进食时，能双手把茶水、食物递给客人，用沟通软件“听我打”表达“××，请喝茶”“××，请吃东西”。

茂、欣：请客人进食时，能双手把茶水、食物递给客人，用点读笔表达“××，请喝茶”“××，请吃东西”。

二、过程与方法

通过观看教师的示范、练习使用沟通辅具、情境扮演等方式，了解有礼貌地请客人进食的知识要点，学会表达“××，请喝茶”“××，请吃东西”。

三、情感、态度与价值观

养成文明待客的习惯。

教学重点

用沟通辅具表达“××，请喝茶”“××，请吃东西”。

教学难点

用正确的语序表达句子"××，请喝茶""××，请吃东西"。

教学准备

（1）自编绘本《米小圈请客》，文字内容如下："米小圈请客啦！米小圈的阿姨来啦。米小圈请她喝茶，双手把茶水递过去，说：'阿姨，请喝茶。'米小圈请她吃东西，双手把食物递过去，说：'阿姨，请吃东西。'米小圈的叔叔来啦。米小圈请他喝茶，双手把茶水递过去，说：'叔叔，请喝茶。'米小圈请他吃东西，双手把食物递过去，说：'叔叔，请吃东西。'米小圈的姐姐来啦。米小圈请她喝茶，双手把茶水递过去，说：'姐姐，请喝茶。'米小圈请她吃东西，双手把东西递过去，说：'姐姐，请吃东西。'米小圈会有礼貌地请客人喝茶、吃东西，每个客人都夸她。"

（2）"米小圈双手向客人敬茶，客人接过茶杯"的图片、"米小圈双手端着果盘请客人吃，客人拿水果"的图片、"大拇指"图片。

（3）睿的沟通版面是以文字形式呈现各个词语。其中，"叔叔""阿姨""哥哥""姐姐""爷爷""奶奶"的背景为黄色，"请"的背景为粉红色，"喝茶""吃东西"的背景为橙色。

叔叔	阿姨	请
哥哥	姐姐	喝茶
爷爷	奶奶	吃东西

欣和茂的沟通版面是以图文结合的方式呈现各个词语。其中，图片为人物半身图，文字大，图片小。

图片 叔叔	图片 哥哥	图片 爷爷	图片 请喝茶
图片 阿姨	图片 姐姐	图片 奶奶	图片 请吃东西

（4）“米小圈”“叔叔”“阿姨”“姐姐”“哥哥”“爷爷”“奶奶”人物半身图的胸牌。

（5）茶水、食物若干。

教学过程

一、阅读绘本，初学句型

1. 初读绘本，感知句型

（1）教师说：“今天，米小圈要在家里请客。他是怎样有礼貌地请客人喝茶、吃东西的呢？我们一起来看看吧！”

（2）教师播放课件，一边讲述绘本《米小圈请客》，一边提问：“当客人××来到米小圈家时，他是怎样有礼貌地请他们喝茶、吃东西的？他是怎么做的？他是怎么说的？”

（3）学生自由发言后，教师一边归纳，一边板书：“我请客人喝，双手递给他，‘××，请喝茶’；我请客人吃，双手递给他，‘××，请吃东西’。”学生跟读板书。

（4）教师小结：“招待客人时，我们要有礼貌地请客人喝茶，可以说‘××，请喝茶’；我们要有礼貌地请客人吃东西，可以说‘××，请吃东西’。”

设计意图

考虑到米小圈是学生熟悉并喜欢的人物，学生也很喜欢读绘本，教师自编绘本《米小圈请客》，利用简单有趣的故事情节、重复固定的语言表达结构，帮助学生初步感知句型“××，请喝茶”“××，请吃东西”。

2. 再读绘本，学习句型：“××，请喝茶”“××，请吃东西”

（1）教师播放课件，把画面定格在“米小圈的阿姨来了，他请阿姨喝茶”，询问：“米小圈请阿姨喝茶时，说了什么呢？”

（2）教师结合板书，出示句条“阿姨，请喝茶”，示范说“阿姨，请喝茶”。

（3）教师分发句条，引导学生指读句子。

对于睿，教师引导他一字一音指读句子。

对于茂和欣，教师引导他们尽量一字一音指读句子。

（4）教师示范用字卡、词卡组合成句子，并分发字卡、词卡，引导学生组合成句子。

对于睿，教师引导他用字卡组合成句子：阿姨 + 请 + 喝茶。

对于茂和欣，教师引导他们用“文字大、图片小”的卡片组合成句子：阿姨 + 请喝茶。

（5）教师分发沟通辅具和沟通版面，引导学生使用沟通辅具表达句子。

对于睿，教师引导他用沟通软件“听我打”表达句子：阿姨 + 请 + 喝茶。

对于茂和欣，教师引导他们用点读笔表达句子：阿姨 + 请喝茶。

（6）教师继续播放课件，把画面定格在“米小圈请阿姨吃东西”，询问：“米小圈还请阿姨吃东西，他说了什么呢？”

（7）教师结合板书，出示句条“阿姨，请吃东西”，示范说“阿姨，请吃东西”。

（8）教师分发句条，引导学生指读句子。

对于睿，教师引导他一字一音指读句子。

对于茂和欣，教师引导他们尽量一字一音指读句子。

（9）教师示范用字卡、词卡组合成句子，并分发字卡、词卡，引导学生组合成句子。

对于睿，教师引导他用字卡组合成句子：阿姨 + 请 + 吃东西。

对于茂和欣，教师引导他们用“文字大、图片小”的卡片组合成句子：阿姨 + 请吃东西。

（10）教师分发沟通辅具和沟通版面，引导学生使用沟通辅具表达句子。

对于睿，教师引导他用沟通软件“听我打”表达句子：阿姨 + 请 + 吃东西。

对于茂和欣，教师引导他们用点读笔表达句子：阿姨 + 请吃东西。

（11）教师继续播放课件，把画面依次定格在“米小圈请叔叔喝茶”“米小圈请叔叔吃东西”“米小圈请姐姐喝茶”“米小圈请姐姐吃东西”，相继询问：“米小圈请叔叔喝茶时，他说了什么呢？米小圈还请叔叔吃东西，他说了什么呢？米小圈请姐姐喝茶时，他说了什么呢？米小圈还请姐姐吃东西，他说了什么呢？”学生根据绘本内容，尝试用沟通辅具回答。若学生无法直接用沟通辅具回答，教师引导学生读句条，用字卡或词卡组合成句子。

（12）教师点评学生表现，并小结：“请客人喝茶、吃东西时，我们可以说‘××，请喝茶’‘××，请吃东西’。”

设计意图

教师通过“出示完整句子并读一读”“用卡片组合成句子”“用沟通辅具组合成句子”等过程，让学生认识完整的句子和句子形成的过程，形成自己的内在语言，掌握句子“××，请喝茶”“××，请吃东西”的表达，以突破本节课的重点和难点。

二、表演绘本，巩固句型

1. 练习句型“××，请喝茶”

（1）学生戴上“米小圈”人物半身图的胸牌，教师依次戴上“叔叔”“阿姨”“姐姐”人物半身图的胸牌。教师询问：“你现在是米小圈。看，谁来了？你要怎么有礼貌地请他喝茶呢？”

（2）学生用沟通辅具表达“××，请喝茶”。若学生无法直接用沟通辅具表达，教师先用口语提示。若学生在口语提示下仍然做不到，教师再用句条提示。

（3）教师点评学生表现，并小结：“请客人喝茶时，我们可以说‘××，请喝茶’。”

2. 练习句型“××，请吃东西”

（1）学生戴上“米小圈”人物半身图的胸牌，教师依次戴上“叔叔”“阿姨”“姐姐”人物半身图的胸牌。教师询问：“你现在是米小圈。看，谁来了？你要怎么有礼貌地请他吃东西呢？”

（2）学生用沟通辅具表达“××，请吃东西”。若学生无法直接用沟通辅具表达，教师先用口语提示。若学生在口语提示下仍然做不到，教师再用句条提示。

（3）教师点评学生表现，并小结：“请客人吃东西时，我们可以说‘××，请吃东西’。”

设计意图

教师运用表演绘本的形式，指导学生巩固使用沟通辅具表达句型的能力。

三、延伸绘本，运用句型

（1）教师出示茶水和食物，戴上“阿姨”人物半身图的胸牌。学生戴上“米小圈”人物半身图的胸牌。教师询问：“你现在是米小圈。看，谁来了？你要怎么有礼貌地请她喝茶、吃东西呢？”

（2）学生用双手把茶水或食物递给教师，并用沟通辅具表达“××，请喝茶”“××，请吃东西”。若学生不会用双手把茶水或食物递给教师，教师用口语提示。若学生在口语提示下仍然做不到，教师再示范动作。若学生无法直接用沟通辅具表达，教师先用口语提示。若学生在口语提示下仍然做不到，教师再用句条提示。

（3）教师出示茶水和食物，依次戴上绘本中没有出现的“爷爷”“奶奶”“哥哥”人物半身图的胸牌。学生戴上“米小圈”人物半身图的胸牌。教师询问：“你现在是米小圈。看，谁来了？你要怎么有礼貌地请他喝茶、吃东西呢？”

（4）学生用双手把茶水或食物递给教师，并用沟通辅具表达“××，请喝茶”“××，请吃东西”。若学生不会用双手把茶水或食物递给教师，教师用口语提示。若学生在口语提示下仍然做不到，教师再示范动作。若学生无法直接用沟通辅具表达，教师先用口语提示。若学生在口语提示下仍然做不到，教师再用句条提示。

（5）教师点评学生表现，并小结：“请客人喝茶、吃东西时，我们可以说‘××，请喝茶’‘××，请吃东西’。”

设计意图

教师创设情境，让学生综合运用本节课所学的知识，达到类化、泛化的学习效果。

四、课堂总结

教师一边指着板书，一边总结：“今天，我们学习有礼貌地请客人喝茶、吃东西。请同学们跟着老师一起读：“我请客人喝，双手递给他，‘××，请喝茶’；我请客人吃，双手递给他，‘××，请吃东西’。”学生跟读板书。

设计意图

学生再次明晰如何有礼貌地请客人进食。

板书设计

我会有礼貌地请客人喝茶、吃东西

图片

客人来

"米小圈双手向客人敬茶，客人接过茶杯"的图片

"米小圈双手端着果盘请客人吃，客人拿水果"的图片

我请客人喝，双手递给他，"××，请喝茶"

我请客人吃，双手递给他，"××，请吃东西"

"大拇指"图片

设计意图

结构图的板书形式有利于学生直观清晰知道有礼貌地请客人进食时应该怎样做、应该说什么。图文结合的板书形式可为学生提供视觉提示，使学生顺利学会句子的表达。

学习评价

《我会有礼貌地请客人喝茶、吃东西》学习评价表

评价教师：____________ **评价日期：**______年_____月_____日

受评学生：____________

说明：本评价表由两部分组成。

第一部分　课后评价

说明：授课教师根据学生的课堂表现，在课后及时评价（如果有其他教师听课，授课教师可邀请听课教师一同参与评价）。请在相应的选项前打"√"。

(1) 请客人进食时，能用双手把茶水或食物递给客人。

☐ 0 分：无论教师如何提示，学生都不做。

☐ 1 分：教师用动作提示，学生能自己做。

☐ 2 分：教师用口语提示，学生能自己做。

☐ 3 分：不需要教师的任何提示，学生能主动做。

(2) 请客人喝茶时，能用沟通辅具表达“××，请喝茶”。

☐ 0 分：无论教师如何提示，学生都不做。

☐ 1 分：教师用句条提示，学生能自己做。

☐ 2 分：教师用口语提示，学生能自己做。

☐ 3 分：不需要教师的任何提示，学生能主动做。

(3) 请客人吃东西时，能用沟通辅具表达“××，请吃东西”。

☐ 0 分：无论教师如何提示，学生都不做。

☐ 1 分：教师用句条提示，学生能自己做。

☐ 2 分：教师用口语提示，学生能自己做。

☐ 3 分：不需要教师的任何提示，学生能主动做。

第二部分　日常生活中评价

说明：家长根据学生的日常生活表现，在本节课结束一周内填写评价表。家长可请客人来家里做客，观察学生能否有礼貌地请客人进食。请在相应的选项后打“√”。

(1) 请客人进食时，能用双手把茶水或食物递给客人。

能 ☐　　　　不能 ☐

(2) 请客人喝茶时，能用沟通辅具表达“××，请喝茶”。

能 ☐　　　　不能 ☐

(3) 请客人吃东西时，能用沟通辅具表达“××，请吃东西”。

能 ☐　　　　不能 ☐

教学评价

考虑到3名学生的年龄及严重受限的口语表达能力，张老师选择使用沟通辅具来支持他们完成表达，这样的做法充分体现了康复训练课程标准所提出的“全方位支持”理念。另外，根据学生符号认知的能力不同，张老师为他们选择了不同的沟通符号和沟通辅具。在教学目标的设定、学具的选择方面，张老师也根据学生的能力进行了不同的安排。这些做法充分体现了“个别化教育”理念。

另外，康复训练课程标准提出以下教学建议：“教师应尽可能结合日常生活和学习情境开展有意义的功能康复活动，不宜机械地使用课程内容进行训练。”因为3名学生为中、高年级学生，参与社区活动是他们的主要学习目标，所以张老师选择“待客”这个主题，在请客人进食的情境下训练学生的表达能力，使学生在情境中学习、在生活中运用，提高学生适应社区生活的能力。

康复训练课程标准还提出以下评价建议：“评价应有多方人员参与，包括教师、专业人员、家长等。”本节课教学结束后，张老师制作学习评价表，及时评价学生的课堂学习表现，同时也让家长在课后评价学生在真实情境中请客人进食的表现，这种做法值得同行借鉴。

由于3名学生为中、高年级学生，基于他们的能力状况，建议张老师适当加强学生之间的互评。

评价教师：陈海苑（广州市番禺区培智学校）

康复训练——情绪与行为训练

上课时保持安静

授课教师：胡琪珍（广州市番禺区培智学校）
指导教师：陈海苑（广州市番禺区培智学校）

教学内容简介

《培智学校义务教育康复训练课程标准（2016 年版）》中，“情绪与行为训练”模块的课程目标之一为“制订并实施积极行为支持方案，使学生表现适当行为，减少或消除不适当的行为”；该模块在行为管理部分的课程内容之一是“能用适当行为获取感官刺激”。

基于上述课程目标、内容及学生的行为功能评估结果，在本节课中，教师运用代币制度，教导一名自闭症学生在参与课堂学习时保持安静，以减少该生发出无关叫声的感官刺激行为所造成的干扰。

学生情况分析

本节课是个别训练课。学生小 A，女，8 岁，自闭症谱系障碍，能模仿简单的一步动作和操作，生活自理能力较强；能听懂日常用语，仿说词语，主动表达要吃哪些零食；能认读常见物品图片。在课堂上大部分时间里，小 A会发出无关的叫声，即使从事自己喜欢的活动时也会有此表现。这种无关的叫声不仅干扰到小 A 的学习（她很难关注课堂或回应教师的指令），也对其他学生的课堂学习造成严重的干扰。从对小 A 的家长及任课教师的访谈结果、对小 A 的行为观察结果来看，小 A 发出无关叫声的行为功能为自我刺激。

学习本节课前，小 A 已具备基本的自我控制能力，具体为“在呈现强化物及提示安静（教师一边说‘安静’，一边做表示安静的手势）的情况下，数数制约，保持安静 15 秒”。

教学目标

一、知识与技能

（1）了解上课时保持安静的规范。

（2）在教师使用代币制度的条件下，在“认读图片”的课程学习中能保持安静，每次持续时间1分钟。

二、过程与方法

在教师给予“安静”的提示下，在参与课堂学习中保持安静，获得代币和强化物，并在多个回合练习中提升自我控制能力。

三、情感、态度与价值观

愿意控制自己的行为，以适应环境的期望和规范。

教学重点

能保持安静。

教学难点

能延长保持安静的持续时间。

教学准备

（1）强化物：汽水、海苔。

（2）代币（根据小A感兴趣的Kitty猫图案，教师自制8枚代币）。

（3）常见物品的图片若干（小A能认读这些图片）。

教学过程

一、建立代币制度

（1）教师和小A坐在桌子的旁边。师生相互问好后，教师展示课题“上课时保持安静”，同时说：“小A，这节课我们学习‘上课时保持安静’。”

（2）桌面放着小A爱吃的一份海苔。教师将代币一枚一枚地贴上代币贴纸板，在此过程中不理会小A是否发出无关的叫声；贴完8枚代币，教师告诉小A“完成了，你可以吃海苔。”小A吃海苔。上述操作重复3次。

（3）桌面放着小A爱吃的一份海苔。教师将代币一枚一枚地贴上代币贴纸板，在此过程中不理会小A是否发出无关的叫声；贴完8枚代币，教师不再提醒小A“完成了，你可以吃海苔”。若小A看到教师贴完代币，不需要教师的提醒即能拿起海苔吃，教师高兴地解说“完成了，可以吃海苔了”。若小A看到教师贴完代币，仍然不会自己拿起海苔吃，教师重复操作步骤(2)，直至小A不需要教师的提醒即能拿起海苔吃。

（4）本阶段目标的达成标准：如果小A不需要教师的提醒即能拿起海苔吃的行为出现3次，则本阶段的训练结束。

设计意图

教师进行行为干预前，要先让小A了解行为制度，即如果她得到8枚代币，就代表完成任务，可以得到奖励。

二、加入行为目标“保持安静”

（1）教师和小A坐在桌子的旁边，桌面放着小A爱喝的小份汽水及代币贴纸板。

（2）教师提示小A保持安静，提示方式为“一边说‘安静’，一边做表示安静的手势”。若小A保持安静，教师称赞她“保持安静哦”，并奖励一枚代币。代币的强化方式为不固定时距强化，时距为5秒。若小A发出无关的叫声，教师暂停计时，等她恢复安静再立即说明“你现在安静了，很棒!”并奖励其代币一枚。

（3）当小A得到8枚代币，她可以喝汽水。

（4）本阶段目标的达成标准：如果小A能得到8枚代币3次，则本阶段的训练结束。

设计意图

在小A了解行为制度后，教师开始加入行为目标“保持安静”。根据小A干预前的状况，教师要延长其保持安静的持续时间。在此过程中，教师要保证小A有机会成功达成目标（在90%的情况下可以自我控制不发出无关的叫声），所以训练进度不宜太快。若小A不能保持安静，教师要尝试缩短时距或再次评估汽水作为强化物的效力。

三、加入课程学习“认读图片”

（1）教师和小A坐在桌子的旁边，桌面放着小A爱喝的小份汽水及代币贴纸板。

（2）教师提示小A保持安静，奖励她3~4枚代币后，开始加入“认读图片”的课程学习。

教师出示常见物品的图片，小A说出相应的物品。若小A说不出，教师示范说出相应的物品。在此过程中，教师仍然每隔几秒钟提示她保持安静，并且不固定时距奖励其保持安静的行为，时距为8秒。当小A得到8枚代币（保持安静的持续时间约为一分钟）后，她可以喝汽水。

设计意图

经过前面的训练，小A已了解行为目标并能自我控制。而本节课的最终目标是“在课程学习中，小A仍然能保持安静，并能逐步延长保持安静的持续时间”。因此，教师在本阶段加入“认读图片”的课程学习，同时把“保持安静”作为训练重点。“说出图片相应的物品”和“发出无关的叫声”是不相容的行为，这样更有利于小A控制自我刺激行为。

四、总结

教师总结：“小A，这节课我们练习‘上课时保持安静’。你能控制自己，保持安静，值得表扬！老师希望你回到教室上课时，也能保持安静！”

学习评价

《上课时保持安静》学习评价表

评价教师：____________ **评价日期：**_______年_____月_____日

受评学生：_________

说明：本评价表由两部分组成。

第一部分　个训课堂评价

说明：授课教师根据学生在个训课堂的表现，在课后及时评价（如果有其他教师听课，授课教师可邀请听课教师一同参与评价）。

行为目标	1	2	3	4	5	6
1. 了解代币制度（不需要教师的提示，得到8枚代币后，能自己拿强化物）。						
2. 没有“认读图片”的课程学习，使用代币制度，保持安静40秒。						
3. 加入“认读图片”的课程学习，使用代币制度，保持安静1分钟。						

注：本表用于记录学生在使用代币制度下每一轮的表现，通过用“√”表示，未通过用“×”表示。

第二部分　班级课堂评价

说明：每天上午第一节课的授课教师根据学生在班级课堂的10分钟表现进行填写。填写时间从本节课开展前一周开始，到学生达成目标（撤出行为制度后，在课堂学习中，学生10分钟未发出无关叫声的行为时距数等于或大于80%，持续一周时间）结束。

时距记录表

学生：________　观察者：________　观察情境：______________
时距长度：____________　时距记录类型：部分时距记录
行为：________________

观察日期	观察时间	1分钟的时距									
		1	2	3	4	5	6	7	8	9	10

注：“+”表示目标行为有发生，“-”表示目标行为未发生。
摘要：

教学评价

胡老师在这节课上能很好地遵循康复训练课程标准“个别化教育、全方位支持”的课程理念。训练前，胡老师对学生的沟通、情绪行为等进行了全面、系统的评估，通过访谈和观察了解学生的行为问题，评估其具体功能，依评估结果制订了合理的行为目标和完整的训练计划。

康复训练课程标准的教学建议提到“倡导循证实践，科学规范训练程序”。在循证实践方法的选择上，胡老师运用应用行为分析的方法与原理，在训练过程中运用代币制度，让学生清晰行为目标，在参与课程学习的过程中循序渐进达成行为目标。对于学生的行为问题，胡老师先评估学生的行为功能及基准线，制订康复训练方案，再在训练的过程中遵循小步子、多循环的原则调整节奏，随后对训练效果进行再评估，进而进行后续的康复训练。在代币制度的使用上，胡老师先让学生了解代币制度，再加入“保持安静”的行为目标，然后加入“认读图片”的课程学习，同时考虑到后续自然情境的泛化及代币制度的撤出，整个训练程序系统完整。

在学习评价上，胡老师能注意“评价主体的多元化”。评价者除了个训教师，还有班级任课教师。个训教师对学生行为的评价内容是保持安静的持续时间，是正向行为增加的量；班级任课教师评价的内容是学生发出无关叫声行为的记录，是标的行为发生的频率。上述评价的内容和目标紧密结合，有助于胡老师通过评价监督训练的成效及反馈训练目标的适合性。

小 A 在本节课基本达到训练目标，但由于只有一节课的时间，还无法看到她是否有持续、稳定的表现，建议胡老师在后面的个别训练课中循序渐进增加其保持安静的持续时间。

评价教师：陈海苑、张俊华（广州市番禺区培智学校）

艺术休闲

野兽国

授课教师：陈晖（主教）、吴玉（助教）、邹秋莲（助教）
（广州市天河区启慧学校）
指导教师：陈海苑（广州市番禺区培智学校）

教学内容简介

《培智学校义务教育艺术休闲课程标准（2016 年版）》在“休闲技能”学习领域设置了“能与同伴合作开展休闲活动，能在休闲活动中管理好自己的情绪及行为，能在休闲活动中注意安全”的课程目标及“与同伴合作开展休闲活动，学会分享自己的情感体验”“能在休闲活动中管理自己的情绪和行为”的课程内容。

基于上述课程目标和内容，教师选择以《野兽国》这一绘本为线索开展戏剧活动。考虑到儿童更容易陷于某种压抑而不能反抗的境地，要靠想象征服所产生的恐惧或愤怒情绪，而培智学校学生的认知思维能力受限，想象力往往发展不足，教师希望通过戏剧活动让学生能有想象的空间，用想象和游戏来疏泄生活中的负面情绪。

本课为《野兽国》教学活动的第二课时。第一课时，教师主要带领学生开展故事导火索部分的活动，即“妈妈让阿奇在家好好做作业，不要捣乱；但是妈妈出门以后，阿奇和朋友们大闹一场，妈妈回来后看到乱糟糟的家很生气，严厉地批评阿奇”。本课将在第一课时的基础上，以教师自行设计制作的多媒体课件《野兽国》为线索来开展，重点设计四个依次贯穿的教学活动，分别是“‘向野兽国出发’的身体律动活动”“‘我是大野兽’的角色扮演游戏”“‘我是野兽之王’的赋权游戏”“‘回到温暖的家’的思绪回归活动”。在游戏过程中，学生通过形体动作、声音和歌唱、游戏与敲击乐进行心理表达，得到了不同的情绪体验，知道了生气时如何表达和发泄，并学习了合适的情绪宣泄方式。可以说，本课适当改编《野兽国》的经典故事，其实是对特殊学生的一种治疗，帮助他们面对“指责、批评”时懂得采用一些方法消除心中的压抑，使内心平衡。

学生情况分析

本节课是培智学校五年级集体课，共8名学生参与。

全体学生体验过一学期以上的戏剧活动，对此类活动较为熟悉。其中，5名学生对戏剧活动十分感兴趣，乐于使用各种媒材来参与角色扮演的过程，能和同伴进行良好的合作；3名学生的参与动机较低，处于需邀请的状态，需要教师不同程度的提醒和协助。

教学目标

一、知识与技能

杰、淇、滢、浩：能在情境体验中感受并识别生气愤怒和开心放松的情绪。能根据角色的需要，自行选择运用3种媒材（如布、报纸、卫生纸等）进行想象和装扮。

俊、栩、杭、嘉：能在情境体验中感受生气愤怒和开心放松的情绪。能在教师协助下运用1种媒材（如布、报纸、卫生纸等）进行角色装扮。

二、过程与方法

杰、淇、滢、浩：能通过想象力游戏去发泄生气愤怒的情绪。能在探索活动中增加肢体灵活度，开发肢体动作。

俊、栩、杭、嘉：能在教师邀请、同伴协助下通过参与戏剧活动去放松身心，发泄情绪。能在探索活动中增加肢体灵活度，尤其是锻炼弯曲肌肉的动作（如爬行、跪走等）。

三、情感、态度与价值观

从生活的冲突与家人的包容中感受到家庭的温暖和父母的爱。

教学重点

能通过想象力游戏去发泄生气愤怒的情绪；能通过参与戏剧活动放松身心，发泄情绪。

教学难点

从生活的冲突与家人的包容中感受到家庭的温暖和父母的爱。

教学准备

（1）多媒体课件《野兽国》：根据《野兽国》绘本的主要故事线索，结合教师带领学生前期学习这个故事过程中的一些实景图片，教师自行设计、剪辑制作该课件。该课件的主要特征是：第一，呈现《野兽国》主要故事线索，并根据教学需要进行精简和突出设计；第二，穿插学生与教师的真实照片和情境，便于提升学生参与教学的动机和兴趣；第三，在“角色扮演”环节贯穿使用AI辅助技术中的人像融合技术，让学生扮演的角色形象与AI中的野兽进行人脸融合，更有利于学生对于野兽这个角色的感知理解；第四，适当插入背景音乐和音效，便于学生对于角色的感知和戏剧表演的开展。

（2）戏剧媒材：布、报纸、卫生纸等。这些戏剧媒材实用性强，重复使用率高，具备一定的想象空间，可以帮助学生赋予不同角色以不同特质。教师和学生运用这些媒材进行自主设计或配合装扮，可以更好地理解角色特征和更快地进入角色扮演情境。

（3）戏剧道具：围巾、帽子、电子蜡烛、小桌子、糖果、信等。这些道具是为了配合故事需要，可以呈现角色或故事情节的实物特征，帮助学生塑造角色及与特定情节建立社交连接。

（4）灯光、音乐、音效等。为配合野兽国惊悚的情境，教师将教室灯光调为暗光，同时增加节奏感较强的 *Underground* 等音乐和野兽嚎叫等音效，便于学生更加投入到戏剧活动中。

教学过程

一、故事回顾，导入课堂

（1）主教教师播放多媒体课件《野兽国》，说：“欢迎来到我们的戏剧课堂！大家还记得上节课我们一起玩过的游戏吗？”

学生自由发言“野兽国”等，主教教师继续询问：“这个故事里面有两个主要的人物，他们是谁啊？”

学生自由发言“妈妈和阿奇”等，主教教师继续询问：“同学们还记得上节课妈妈和阿奇之间发生了什么事情吗？”

（2）主教教师播放课件里的故事场景，引导学生回顾“妈妈让阿奇在家好好做作业，不要捣乱。但是妈妈出门以后，阿奇和朋友们大闹一场，妈妈回来后看到乱糟糟的家很生气，严厉地批评阿奇”。

助教教师戴上围巾扮演妈妈，语气严厉地说："啊！谁让你们把家里搞得这么乱？简直太讨厌了！阿奇，你马上把家里收拾干净，否则不许离开房间！"

（3）主教教师询问："同学们，如果你们和阿奇一样被妈妈批评，会有什么感觉呢？"学生跟随教师的语言提示、多媒体图片提示等，用词语或动作姿势等表现故事情节（如回答"生气"，做出叉腰、跺脚的动作等），主教教师小结："同学们是不是感觉很生气啊？阿奇也一样，他决定离家出走。"

设计意图

教师从学生学习动机有限、主动性较低等情况出发，配合活动情境，在多媒体课件中插入老师和同学的真实活动照片，以最大限度调动学生的兴趣，为课堂学习营造良好的学习氛围，从而设下悬念，引入活动。

二、身体律动活动：向野兽国出发

（1）主教教师戴上帽子扮演阿奇，说："我要离家出走！我知道有个地方，那里有大人都很害怕的野兽，我要去那里！我才不怕那些野兽呢！你们和我一起去，好不好？"

（2）学生表示愿意后，助教教师说："那我们一起去野兽国吧！请大家起立，我们一起出发"，引导学生起立并排成一列。

（3）主教教师播放 *Underground* 背景音乐，在活动教室里设置在地垫爬行、在10厘米高的坐垫之间迈步、跨越高30～40厘米的障碍物、从高50～60厘米的障碍物下钻出4个障碍，通过敲击非洲鼓的节奏，引导学生一起跨越障碍，向野兽国出发。

设计意图

考虑到学生注意力易分散、不能静坐的特征，教师在教学活动中增加走动、跨越障碍的环节，配合播放有节奏的音乐和非洲鼓打击乐，让学生感受去野兽国的艰辛过程。这个活动主要是为了开发学生的肢体动作，尤其是弯曲肌肉的动作，以增强学生情绪的稳定性。

三、角色扮演游戏：我是大野兽

1. 分组装扮

（1）主教教师播放多媒体课件，呈现野兽国的名称及大野兽的造型、动作、声音等照片和视频，询问："同学们，看，我们到了哪里？"

学生自由发言"野兽国"等，主教教师说："让我们一起把自己装扮成野兽国的野兽吧！请大家使用布、报纸、卫生纸来设计，把自己打扮成最恐怖、最吓人的野兽。现在我们分组开始装扮吧！"

（2）主教教师根据学生的座位，把学生分为两组，每组有一名助教教师带动协助学生进行设计装扮。随机分组可促进学生之间的合作交流。针对杰、淇、滢、浩 4 位同学，教师鼓励他们自行选择布、报纸、卫生纸进行想象和装扮，仅在必要时给予口头提醒或帮助；针对俊、栩、杭、嘉 4 位同学，教师给予动作辅助，让他们选用 1 种材料进行角色装扮。

2. 分组展示

（1）主教教师询问："同学们都装扮好了吗？现在，我们一起来看看哪一组的野兽最恐怖、最吓人？"

（2）助教教师分别带领两组学生依次到中间进行展示。主教教师用一体机摄像头将他们装扮好的角色投影在大屏幕上，采用 AI 辅助技术的人像融合技术将它们的形象与 AI 开放平台中的野兽形象进行人脸融合，同时配合野兽嚎叫等音效。

（3）主教教师询问："哇！同学们装扮的野兽都好吓人啊！请问大家扮演的是什么野兽？这只野兽现在的心情是怎样的呢？"学生自由发言"我扮演的是恐龙，它很凶、很生气""大象，很厉害的野兽""我扮演的是狮子，能吃掉你"等。

（4）主教教师询问："哇！大家扮演的都是很大、很厉害的野兽哦！可以大声吼叫、用力走路，还能吃掉别人。那大家喜欢扮演野兽吗？"学生自由发言"喜欢，因为很威风""有点害怕"等。

（5）主教教师小结并询问："有的同学喜欢野兽，有的同学害怕野兽。那么大家想知道生气的阿奇来到野兽国会怎么样吗？"

设计意图

针对学生反应时间长、对单一刺激反应不佳的特征，教师设计了多感官刺激的体验活动，让学生全方位感知野兽的特征，为扮演野兽奠定基础。角色扮演是一种综合性、创造性互动活动，学生可以通过角色扮演感知不同角色，获得不同的情绪体验，对其个人情绪感知和发泄能起到一定的作用。角色扮演采用异质分组的形式进行，可以让学生之间有自发的带动和合作机会，并结合学生个别化教育目标的差异，对装扮的要求、教师的协助程度等有所侧重。每组安排2名学生根据自我理解自由设计装扮，2名学生在教师的口语指示下将留有领口的一整块布套在自己的脖子上，自行选择一顶帽子佩戴，以确保每名学生都能在教学活动中有所作为。

四、赋权游戏：我是野兽之王

（1）主教教师戴上帽子扮演阿奇，说："这就是野兽国？我才是最厉害的大野兽，比你们所有野兽都可怕！我现在是野兽国的国王！你们都要听我的！这就是我野兽之王的帽子。"学生自由发言"你好凶啊！我好害怕！"等。主教教师说："现在你们必须听我的！我们一起睡觉！"，并躺下来做出睡觉的动作。助教教师带领学生一起躺下来睡觉。

（2）主教教师询问："谁还想当野兽之王？这顶帽子戴在谁的头上，谁就是野兽之王。谁想来试试？"对于主动表示要尝试的学生，主教教师将帽子戴在他的头上，说："现在你就是野兽之王！你可以做一个自己喜欢的动作，大家都要和你做一样的动作哦！"学生自由发挥做一个动作，主教教师、助教教师引导其他学生模仿他的动作。

（3）其他学生轮流当野兽之王，体验当领袖的感觉。该学生做一个动作后，主教教师、助教教师引导其他学生观察、模仿并完成这个动作。

设计意图

赋权游戏的设计是为了让更多的学生有发号施令的权利，可以做某一个活动的主导者，而不仅是听从者。赋予学生自主决定的权利，可让学生获得当领袖的体会，同时培养学生的观察、模仿能力，也能让学生感受到被要求和要求别人时不同的情绪体验。

五、思绪回归活动：回到温暖的家

（1）主教教师说："阿奇在野兽国待了很久，他觉得当国王有点无聊。"随后，主教教师戴上帽子扮演阿奇，询问："野兽们，我在这儿每天都很开心，该玩的都玩了，现在我有点无聊了，我该怎么办呢？"学生自由发言"回家""找妈妈"等。主教教师继续询问："我决定回家看看，要是妈妈还是批评我，我就回来。你们和我一起回家去看看好不好？"

（2）学生表示愿意后，主教教师进行场景切换，播放轻音乐，拉上窗帘，摆放小桌子、电子蜡烛、糖果等。助教教师说："我们已经回到家了，大家围着桌子坐下吧”，引导大家坐下。

（3）主教教师戴上帽子扮演阿奇，说：“妈妈又自己跑到我的房间里，还放了一瓶糖果，你们要不要一起吃糖？”学生一起享用糖果。

（4）主教教师说：“这里还有一封信，谁帮我读一读”，邀请一名学生读信。学生读道：“阿奇，妈妈不应该批评你，希望你不要生气，妈妈永远爱你。”学生读信后，主教教师询问：“信读完了，你们觉得阿奇要不要回到野兽国？还是应该留在家里呢？”学生自由发言“不要回去了”“留在家里”等。

设计意图

这一环节的设计是本课情感价值烘托的高潮，可让学生在充分放松、自由的活动后体会到家庭的温暖与母亲的爱。情感教育和价值导向是这个环节教学的重点，教师应让学生在实际体验中用心去感知，不需要过多地使用语言进行概括与总结。

六、结束活动：总结情感体会

（1）主教教师询问：“我们这节课的游戏活动结束了，大家和野兽一起玩耍开心吗？”学生自由发言“开心”等。

（2）主教教师询问：“大家被野兽之王恐吓的时候是什么感受呢？”学生自由发言“害怕”“不开心”等。

（3）主教教师询问：“大家一起回到阿奇的家，读了妈妈的信，吃了好吃的糖果，感觉怎么样？”学生自由发言“喜欢回家”“爱妈妈”等。

（4）主教教师总结：“希望大家能和阿奇一样，知道爸爸妈妈永远爱自己！最后，我们一起手拉手唱《再见歌》吧！‘好朋友，再见；好朋友，再见；好朋友，再见吧再见吧再见吧！’”

设计意图

这一环节回顾了整个课堂教学过程，并重点对“生气”与“轻松”、“受支配”与“支配他人”等情绪体验进行了分辨总结，贯彻了艺术休闲课程倡导价值观的教育定位。此外，下课仪式感的营造对于戏剧活动非常必要，所以教师采用《再见歌》作为活动结束的仪式性歌曲。

学习评价

《野兽国》学习评价表

评价教师：______________ **评价日期：**________年______月______日

受评学生：____

说明：本评价表由两部分组成。

第一部分　教师观察评价表

说明：授课教师根据学生的课堂表现，在课后及时评价（如果有其他教师听课，授课教师可邀请听课教师一同参与评价）。该评价表主要根据台湾戏剧治疗师苏庆元老师的相关评估表修改而成，以观察、评估、反映学生参加戏剧活动前后的沟通方式、语言、身体空间、想象力、基本情绪、与他人的关系等方面的表现。

《野兽国》戏剧课堂教师观察评价表

记录人：______________

姓名	情绪感受与识别	媒材运用	想象力	肢体活动	空间规则	与他人的关系	具体事件描述

情绪感受与识别：1 分：全面感受，显著反映；2 分：全面感受，差别反映；3 分：部分感受，零星反映；4 分：部分感受，无显著反映；5 分：无显著感受。

媒材运用：1 分：自发运用3 种或以上媒材；2 分：自发运用2 种或以下媒材；3 分：邀请下运用2 种媒材；4 分：邀请下运用单一媒材；5 分：抗拒。

想象力：1 分：自发而丰富的创造；2 分：自发而有限的创造，但可以被激发；3 分：被动而需要被激发的创造；4 分：没有具体展现。

肢体活动：1 分：主动且灵活参与；2 分：主动但不够灵活参与；3 分：邀请下灵活参与；4 分：邀请下不够灵活参与；5 分：抗拒。

空间规则：1 分：有焦点而自由地在空间中移动；2 分：局限在某部分区域但愿意改变；3 分：不断地移动，偶有焦点；4 分：局限在某部分区域且不愿改变；5 分：在极有限的个人区域中不愿移动；6 分：避免别人靠近；7 分：没有焦点，不断地移动。

与他人的关系：1 分：自发的领袖；2 分：自发的从属配合；3 分：邀请下从属配合；4 分：邀请下不配合；5 分：抗拒。

第二部分　学生自我评价表

说明：在一个戏剧活动（通常 3 ~ 4 课时）整体教学完成后，学生从回顾自身角色、观察自我情绪、关注同伴互动三个方面进行勾选或填写。通过学生的自评，教师可第一时间了解学生在本次戏剧活动中的收获和心路历程，根据学生反馈的情况有针对性地对后续活动进行调整。同时，学生每次的自我评价也是一个学习回顾、自我反思的重要过程，能让自身归纳、反思的能力得到锻炼。

戏剧活动学生自我评价表

（适用于重度、极重度智力障碍学生）

学生姓名：＿＿＿＿＿＿　　**日期：**＿＿＿＿＿

评价方式：助教教师根据学生参与活动的实际情况，协助其通过点指或指认图片的方式进行自我评价（若学生仍不具备指认能力，则助教教师根据其课堂表现进行勾选，并与学生确认）。

<table>
<tr><td colspan="6">1. 今天我扮演了</td></tr>
<tr><td colspan="3">无背景角色图片</td><td colspan="3">无背景角色图片</td></tr>
<tr><td colspan="6">2. 今天我的心情是</td></tr>
<tr><td colspan="2">简易卡通开心头像</td><td colspan="2">简易卡通生气头像</td><td colspan="2">简易卡通伤心头像</td></tr>
</table>

戏剧活动学生自我评价表

（适用于中度智力障碍学生）

学生姓名：______________ **日期：**__________

评价方式：学生通过口语、动作或借助部分图片引导，进行自我评价。

<table>
<tr><td colspan="6">1. 今天我扮演了</td></tr>
<tr><td colspan="3">简单背景角色图片</td><td colspan="3">简单背景角色图片</td></tr>
<tr><td colspan="6">2. 我扮演它怎样的样子。（可以用口语或动作回答）</td></tr>
<tr><td colspan="6">3. 我今天和谁一起合作扮演。（可以用口语回答或指认在场的人）</td></tr>
<tr><td colspan="6">4. 今天我的心情是
（若学生产生情绪行为，教师尝试在其平静后，帮助其找到原因）</td></tr>
<tr><td colspan="2">简单人物开心头像</td><td colspan="2">简单人物生气头像</td><td colspan="2">简单人物伤心头像</td></tr>
</table>

戏剧活动学生自我评价表

（适用于轻度智力障碍学生）

学生姓名：______________ **日期：**__________

评价方式：学生通过口语或书面语的方式，进行自我评价。教师可以对其进行访谈，引导学生在评价表中写下来，或围绕评价表的问题写一段简短的话，描述自己今天的活动表现与心情。

1. 今天我扮演了什么角色？
2. 我扮演的角色在做什么？
3. 我今天和谁一起合作表演？我觉得他演得怎样？（他做了些什么）
4. 在今天的戏剧活动中，我的心情怎样？为什么？（教师可根据实际情况，结合以上三个问题帮助学生回顾、寻找原因）

教学评价

陈老师在本节课中把“自发、灵活、探索”的特征贯穿始终，符合艺术休闲课程标准中“尊重学生个体差异”和“重视学生参与体验”的基本理念，教学活动设计也符合尊重学生、发展学生兴趣爱好、提升学生生活品质的价值导向。

本课教学内容的选择较好地体现了艺术休闲课程标准“综合性、活动性、开放性”的要求。陈老师设计了清晰的教学目标，在重要的角色扮演游戏、赋权游戏等环节均体现出差异化、个别化的要求；安排了多元丰富的教学环节，以学生多感官参与、自发探索为核心推进教学过程；使用了灵活的教学策略。本课属于活动型课程，学生的参与度、体验性和感受性都较好，在开放的课堂模式中，主教教师和助教教师也做到了良好分工和配合。在教学环节中，主教教师处于引领活动发展的地位，助教教师则发挥着做学生榜样、带领学生跟从课堂节奏、有针对性地辅助有需要的学生等重要作用，确保课堂教学在灵动探索中呈现“乱中有序、玩中有感”的面貌。

在学习评价方面，陈老师遵循艺术休闲课程标准中“差异性、激励性、发展性”的原则，不仅设置有教师的教学评价，更有针对不同能力学生的自我评价，评价内容全面，评价过程多元。

后续教学时，建议陈老师对《野兽国》绘本故事进行更为深入的挖掘和主题延伸，将故事中的情感体验和价值观与学生的日常生活需要进一步结合，衍生出更多的教学主题。

评价教师：陈海苑、谭妙坤（广州市番禺区培智学校）

校本课程篇

社区参与

我会坐公交车

授课教师：陈海苑（主教）、张永辉（助教）（广州市番禺区培智学校）

教学内容简介

由广州市番禺区培智学校所制定的《智障学生社区参与校本课程标准(2020年版)》① 中，“基本技能（流程）”学习领域的课程目标是“按照基本的内容或步骤，完成社区参与活动”；在“使用社区公共交通设施——坐公交车”方面，“基本技能（流程）”的课程内容是“1. 坐公交车前：准备乘车卡或零钱；在正确的站台上等待公交车；看到目标公交车到来，挥手叫停。2. 在公交车上：从公交车的前门上车；先刷卡或投币，再往车内走；判断公交车是否快到达目的站，快到目的站时，按公交车的下车铃，并在后门附近等待下车；从公交车的后门下车”。

基于上述课程目标和内容，教师参考社区参与校本课程所配套的《成长在社区：智障学生社区参与教学实用手册（教师用书）》中“主题5　坐公交车”相关内容，在学生学完“在教师的带领下，实地体验坐公交车，认识公交车及相关的事物、人物，准备坐公交车，在站台上等公交车”这些相关的前备知识与技能的基础上，把本节课的具体教学内容设定为：在模拟的情境中，借助自编歌诀《我会坐公交车》“目标公交车到站，我们排队前门上。先刷卡来后找位，不喧哗也不乱动。听清自己下车点，提前按响下车铃。车子停稳到后门，等到门开排队下”，指导学生了解及初步掌握坐公交车的整个流程：看到目标公交车到站停稳后，从前门走上公交车，刷卡或投币，在公交车上坐好或站好扶稳，听到报读目标站点后按响下车铃，在公交车到站后从后门走下车。

---

① 参见陈海苑，万莉莉，曾镜佳. 成长在社区：智障学生社区参与教学实用手册：教师用书. 广州：暨南大学出版社，2020.

学生情况分析

本节课是培智学校六年级集体课，共10名学生参与。

A组有6人：小乐和小豪的口语表达能力有优势，较好动，自控能力较弱；小涛的口语表达能力有优势，胆子较小，动作能力较弱；小威能用口语进行沟通，但不太爱说话，也不太爱活动；小桃和小鹏能说较长的句子，但口语表达不清晰，动作能力有优势。

B组有4人：小沛、小仪和小俊的动作能力较好，能表达5个字以内的短句，自控能力较弱；小贤对学习有主动意愿，口语表达尚可，因伴随轻度脑瘫及视力障碍导致行动缓慢，精细动作发展不良。

根据前段时间坐公交车的实践和课堂教学活动，学生对于坐公交车表现出浓厚的兴趣，能较好地理解公交车、公交站台、公交站牌、前门、后门、刷卡机、投币箱、下车铃、显示屏、扶手栏杆、扶手吊环、座椅、乘车卡及其功能，司机及其职责。另外，A组学生能独立判断某公交车是哪路；坐公交车前，能准备乘车卡或零钱，找到正确的站台。B组学生仍需在适当辅助或提示下，才能完成以上学习任务。

教学目标

以下目标均在学校的模拟情境中完成：

一、知识与技能

（A组学生独立完成，B组学生在适当辅助下完成）

（1）看到目标公交车靠站，能在前门排队上车。

（2）上车后，能先刷卡或投币，再往车内走。

（3）能在车上坐好或站好扶稳。

（4）快到目的站时，能按响下车铃。

（5）到达目的站后，能排队从后门下车。

二、过程与方法

通过观察视频、图片及在模拟情境中坐公交车，掌握坐公交车的流程。

三、情感、态度与价值观

养成安全、文明乘车的意识。

教学重点

初步掌握坐公交车的流程。

教学难点

初步掌握坐公交车的流程。

教学准备

（1）教师带领本班学生坐公交车的微视频及各步骤的照片；课件《我会坐公交车》。

（2）把教室布置成跟本课内容相吻合的学习环境：室外布置成公交车站台，挂上跟当地社区环境相同的公交车站牌指引图，放置若干椅子；在教室的前门贴上“前门”标识，上方贴上途经学校的公交车路线数字“79”，后门贴上“后门”标识。室内在讲台与前门口之间摆放用卡纸做成的刷卡机、用纸箱制作的投币箱、用旧报纸卷成的方向盘；在方向盘后面摆放一张椅子作为司机席；把学生的椅子依公交车上座位的布局样式摆放；在两边的墙壁分别贴上乘坐公交车的规则和下车铃。

（3）两台能清晰看到车内环境及可推开前门、后门的玩具公交车。

（4）给每位学生准备一份可撕贴的《我会坐公交车》歌诀内容作业单，其中 A 组学生为文字版，B 组学生为图文结合版（小贤的作业单为图文结合放大版）。

（5）让每位学生的家长为其准备一张乘车卡。

教学过程

一、重温体验，激趣导入（5 分钟）

（1）主教教师一边播放学生外出坐公交车的微视频，一边结合提问按下暂停键，有针对性地依次引导学生回答以下问题：小贤回答“谁在干什么”，小涛回答“你们在哪里等公交车”，小沛回答“你们要坐哪路车”，小豪回答“你们从哪个门上车”，全班一起回答“上车后，你们先做了什么”，小鹏回答“你们接着做了什么”，小仪回答“在车上，你们有没有保持安静、不乱动”，小俊回答“刚才广播报了什么站”，小桃回答“你们要在哪个站下车”，小乐回答“快到站时，你们按了什么”，小威回答“最后你们从哪个门下车”。学生回答后，助教教师在黑板上对应的名字旁画“正”字笔画（以下同）；若学生答对，教师则在“正”字旁画一朵小红花（以下同）。

（2）教师逐个出示对应的歌诀流程线索图，贴在黑板上：公交车到站—排队前门上—刷卡或投币—往里找位置—坐好或站好—听清下车点—按响下车铃—车子靠站停—排队后门下。

（3）教师点题板书：我会坐公交车。

设计意图

教师根据每位学生的情况设计不同层次的问题，通过画“正”字笔画确保每位学生都有均等的机会回答适合自己的问题，并对回答正确的学生画小红花鼓励（画“正”字和画小红花策略均贯穿于整节课中）。教师指导学生观看自己亲身经历的微视频画面，可进一步激发他们对本节课的学习兴趣。

二、了解流程，初步感知（15 分钟）

（1）结合黑板上的图示，主教教师用课件呈现图文结合的完整歌诀内容，带领学生读两遍。助教教师在 B 组学生旁边辅助领读。

（2）教师指导学生理解歌诀内容：“目标公交车到站，我们排队前门上。”

主教教师出示公交车玩具，首先询问：“公交车到站后，我们要先做什么”，引导学生观察车头上的路线数字“79”，小结：“公交车到站后，我们要先看清楚是不是自己要坐的目标公交车。例如，我们去石碁广场，要认准 79 路车，它就是目标公交车。”接着，主教教师询问：“确定是自己要坐的目标公交车到站，我们要怎么上车”，引导学生观察自己在公交车前门排队的照片和玩具公交车的前门，小结：“目标公交车到站，我们排队前门上。”助教教师拿着另一台公交车玩具和照片，同步小声辅导 B 组学生。

（3）教师指导学生理解歌诀内容：“先刷卡来后找位，不喧哗也不乱动。”

主教教师引导学生观察讲台前设置的刷卡板、投币箱和教室内的座位席，依次询问：“上车后要先做什么？再做什么？找到位置后要怎么做？”学生回答后，主教教师请助教教师扮演乘客，从教室前门进来，拿着乘车卡到刷卡处刷一下，再往教室里面走，最后找到 B 组学生旁边的空位安静坐好。主教教师小结：“先刷卡来后找位，不喧哗也不乱动。上车后，我们先刷卡或投币，然后往里面走，找空位坐好或站好，不要喧哗吵闹，也不要乱动。”助教教师拿着学生刷卡、投币、找位置、坐好/站好的照片，同步小声辅导 B 组学生。

（4）教师指导学生理解歌诀内容：“听清自己下车点，提前按响下车铃。”

主教教师引导学生观察自己在公交车上仔细听报站和按下车铃的照片。助教教师报读“下一站，石碁广场站”，主教教师按响教室内的下车铃。主教教师小结：“听清自己下车点，提前按响下车铃。”

（5）教师指导学生理解歌诀内容：“车子停稳到后门，等到门开排队下。”

主教教师引导学生观察车子停靠站台和学生在后门排队下车的照片及教室后门之后，由助教教师带领B组学生走向教室后门边站好扶稳，待门开后再排队走出去，一边走一边给学生讲解。主教教师小结：“车子停稳到后门，等到门开排队下。”

（6）教师发给每位学生打乱顺序的《我会坐公交车》歌诀内容作业单，其中A组学生为文字版，B组学生为图文版（小贤的作业单为图文结合放大版）。两位教师分别指导两组学生把歌诀内容按正确顺序排列并朗读，形成坐公交车的整体流程感知。

设计意图

教师借助通俗易懂的歌诀开展教学，便于学生理解及掌握坐公交车的流程。同时，教师有次序地引导学生观察自己坐公交车的照片、逼真的玩具公交车、教室的模拟环境、助教教师的示范及动手排列歌诀内容的顺序，让学生进一步感知坐公交车的流程，为其后续参与坐公交车的演练及实践打下了必要的理论基础。另外，教师设计不同呈现形式、不同难度的作业单，让不同层次的两组学生在各自的最近发展区内获得了可独立执行的有效锻炼。

三、体验练习，形成技能（14分钟）

教师和学生进行模拟演练，完整操作一遍歌诀中的坐公交车流程，具体包括：学生按“每一名A组学生后面跟一名B组学生”的组合顺序排好队；助教教师依次举着写有数字“23、19、79”的牌子模拟不同路线公交车停靠站台，然后坐到讲台上的司机席扮演司机角色；主教教师带着学生在教室外的模拟站台候车，抬头看清教室门外贴的数字“79”后，从教室的前门进去，依次到讲台的刷卡板前刷卡，往里走找位置坐好或站好（“车”上仅提供7个座位），听到司机报读“石碁广场站”时按响下车铃，从教室后门排队走出去。

设计意图

学生在感知坐公交车流程的基础上，进行坐公交车的模拟演练，进一步体验坐公交车的正确流程，并在此过程中得到教师的及时指点，从而更好地积累经验、形成技能。学生按“每一名A组学生后面跟一名B组学生（A组的小威、小桃、小鹏、小涛分别负责带B组的小贤、小沛、小仪、小俊上车）”的组合顺序排队，有利于B组学生在A组学生的榜样示范作用下，甚至是适当的辅助下，较好地参与练习，促进学生之间的合作学习。教师仅安排7个座位，目的是训练学生走上公交车后，如果看见空座位就坐下，如果没有空座位就寻找合适的位置站好扶稳，不能争抢座位。

四、课堂总结，升华新知（5分钟）

（1）教师询问学生“本节课学了什么”，引导学生看着黑板上的图示，说出坐公交车的流程。

（2）主教教师和助教教师轮流小结A、B组学生的课堂表现，统计每位学生所获得的小红花，并按班级代币制的规定进行奖励。

设计意图

教师对本节课所学内容进行简单回顾与归纳，可帮助学生进一步梳理坐公交车的流程。小结每位学生的课堂表现时，教师既肯定做得好的方面，也提出需改进的地方，有助于学生扬长避短。另外，教师配合班级代币制实行奖励，能让学生的学习积极性得以持续增强。

五、家庭作业，协同拓展（1分钟）

教师布置家庭作业：

（1）学生把课堂上的歌诀内容作业单带回家，打乱顺序后进行正确排序，再用自己的表达方式把坐公交车的流程讲给家长听。

（2）家长在作业单上写简单评语并签名，第二天让学生带回学校给教师检查。

（3）家长在近期带学生到真实的社区环境中坐公交车，如实填写学习评价表第二部分，把学生的坐车情况反馈给教师。

设计意图

一方面，学生把课堂上练习过的作业单带回家继续深化练习，并用自己的表达方式把坐公交车的流程讲给家长听，能巩固本节课所学内容。另一方面，家长可通过此作业表现及带学生到真实的社区环境中坐公交车，对学生的在校学习情况进行适当评测，保持家校教育的步调一致，有助于增强家校之间的有效协同和互动，让学生获得更扎实的进步。

板书设计

我会坐公交车

看目标公交车图片 → 前门排队上车图片 → 刷卡/投币图片 → 找座位图片 → 坐好/站好图片

目标公交车到站，我们排队前门上。先刷卡来后找位，不喧哗也不乱动。

→ 听下车点图片 → 按下车铃图片 → 靠近后门图片 → 后门排队下车图片

听清自己下车点，提前按响下车铃。车子停稳到后门，等到门开排队下。

设计意图

教师在黑板上有次序地呈现学生亲身经历坐公交车的流程图片，图与图之间用顺向箭头连接起来，帮助学生清晰了解、回顾坐公交车的流程。在直观理解图意的基础上，教师板书对应的歌诀内容，帮助学生透过图文结合的形式更好地理解及识记歌诀内容，进一步掌握坐公交车的流程。

学习评价

《我会坐公交车》学习评价表

评价教师：____________ **评价日期：**______年_____月_____日

受评学生：____________

说明：本评价表由两部分组成。

第一部分　课后评价

说明：授课教师结合学生在课堂模拟情境中的表现，在课后及时评价（如果有其他教师听课，授课教师可邀请听课教师一同参与评价）。具体评分要求详见《智障学生社区参与校本课程评量手册》①。请在相应的选项前打“√”。

① 参见陈海苑，万莉莉，曾镜佳．智障学生社区参与校本课程评量手册．广州：暨南大学出版社，2020．

（1）看到公交车到来，判断是否自己要乘坐的目标公交车。

☐ 0 分：无论教师如何提示，学生都不做。

☐ 1 分：教师一边拉着学生做，一边说明，学生会配合着做。

☐ 2 分：教师示范并说明，学生会模仿着做。

☐ 3 分：教师单纯使用问题引导，学生会做。

☐ 4 分：不需要教师的任何提示，学生会主动做。

（2）随着队伍在公交车的前门排队上车。

☐ 0 分：无论教师如何提示，学生都不做。

☐ 1 分：教师一边拉着学生做，一边说明，学生会配合着做。

☐ 2 分：教师示范并说明，学生会模仿着做。

☐ 3 分：教师单纯使用问题引导，学生会做。

☐ 4 分：不需要教师的任何提示，学生会主动做。

（3）上公交车后，先刷卡或投币。

☐ 0 分：无论教师如何提示，学生都不做。

☐ 1 分：教师一边拉着学生做，一边说明，学生会配合着做。

☐ 2 分：教师示范并说明，学生会模仿着做。

☐ 3 分：教师单纯使用问题引导，学生会做。

☐ 4 分：不需要教师的任何提示，学生会主动做。

（4）判断公交车是否快到达目的站。

☐ 0 分：无论教师如何提示，学生都不做。

☐ 1 分：教师一边拉着学生做，一边说明，学生会配合着做。

☐ 2 分：教师示范并说明，学生会模仿着做。

☐ 3 分：教师单纯使用问题引导，学生会做。

☐ 4 分：不需要教师的任何提示，学生会主动做。

（续上表）

(5) 听到报读目的站时，按响下车铃。

☐ 0 分：无论教师如何提示，学生都不做。

☐ 1 分：教师一边拉着学生做，一边说明，学生会配合着做。

☐ 2 分：教师示范并说明，学生会模仿着做。

☐ 3 分：教师单纯使用问题引导，学生会做。

☐ 4 分：不需要教师的任何提示，学生会主动做。

(6) 快到目的站时，在后门附近等待下车。

☐ 0 分：无论教师如何提示，学生都不做。

☐ 1 分：教师一边拉着学生做，一边说明，学生会配合着做。

☐ 2 分：教师示范并说明，学生会模仿着做。

☐ 3 分：教师单纯使用问题引导，学生会做。

☐ 4 分：不需要教师的任何提示，学生会主动做。

(7) 从公交车的后门排队下车。

☐ 0 分：无论教师如何提示，学生都不做。

☐ 1 分：教师一边拉着学生做，一边说明，学生会配合着做。

☐ 2 分：教师示范并说明，学生会模仿着做。

☐ 3 分：教师单纯使用问题引导，学生会做。

☐ 4 分：不需要教师的任何提示，学生会主动做。

(8) 在公交车上，不大声喧哗。

☐ 0 分：无论教师如何提示，学生都不做。

☐ 1 分：教师一边拉着学生做，一边说明，学生会配合着做。

☐ 2 分：教师示范并说明，学生会模仿着做。

☐ 3 分：教师单纯使用问题引导，学生会做。

☐ 4 分：不需要教师的任何提示，学生会主动做。

（续上表）

（9）在公交车上，不乱跑乱跳，不攀爬高处。
□ 0 分：无论教师如何提示，学生都不做。
□ 1 分：教师一边拉着学生做，一边说明，学生会配合着做。
□ 2 分：教师示范并说明，学生会模仿着做。
□ 3 分：教师单纯使用问题引导，学生会做。
□ 4 分：不需要教师的任何提示，学生会主动做。
（10）在公交车上，不争抢座椅或横卧占座。
□ 0 分：无论教师如何提示，学生都不做。
□ 1 分：教师一边拉着学生做，一边说明，学生会配合着做。
□ 2 分：教师示范并说明，学生会模仿着做。
□ 3 分：教师单纯使用问题引导，学生会做。
□ 4 分：不需要教师的任何提示，学生会主动做。

第二部分　日常生活中评价

说明：家长带孩子到真实的社区环境中坐公交车，在本节课结束一周内填写评价表。请在相应的选项后打“√”。

（1）您的孩子知道怎样辨认公交车路线吗？	
A. 知道 □	B. 不知道 □
（2）您的孩子会从公交车的前门排队上车吗？	
A. 会 □	B. 不会 □
（3）上公交车后，您的孩子会刷卡或投币吗？	
A. 会 □	B. 不会 □
（4）上公交车后，您的孩子会尽量往里走吗？	
A. 会 □	B. 不会 □
（5）在公交车上走动时，您的孩子会扶稳吗？	
A. 会 □	B. 不会 □

（续上表）

（6）在公交车上，您的孩子会找到恰当的位置坐好或站好扶稳吗？ A. 会 □　　B. 不会 □
（7）在公交车上，您的孩子会判断公交车是否快到达目的站吗？ A. 会 □　　B. 不会 □
（8）听到车上广播报读目的站时，您的孩子会按响下车铃吗？ A. 会 □　　B. 不会 □
（9）快到达目的站时，您的孩子会在公交车的后门附近等待下车吗？ A. 会 □　　B. 不会 □
（10）到达目的站时，您的孩子会从后门排队下车吗？ A. 会 □　　B. 不会 □
（11）在公交车上，您的孩子会大声喧哗吗？ A. 会 □　　B. 不会 □
（12）在公交车上，您的孩子会乱跑乱跳或攀爬高处吗？ A. 会 □　　B. 不会 □
（13）在公交车上，您的孩子会争抢着坐座位或横卧在座位上吗？ A. 会 □　　B. 不会 □
（14）在公交车上，您的孩子会随便打扰别人吗？（例如随便碰别人的身体或东西） A. 会 □　　B. 不会 □
（15）在公交车上，您的孩子会把头、手伸出窗外吗？ A. 会 □　　B. 不会 □
（16）在公交车上，您的孩子会乱动重要的设备吗？（例如乱动灭火器、安全锤） A. 会 □　　B. 不会 □
（17）在公交车上，您的孩子会站在危险的地方吗？（例如后门的“禁止站立”区域） A. 会 □　　B. 不会 □

（续上表）

（18）在公交车上，您的孩子会爱护环境卫生吗？（例如不乱扔垃圾、不乱吐痰） A. 会 □　　　　B. 不会 □
（19）在公交车上，您的孩子会爱护公物吗？（例如不摇晃公交车上的扶手吊环） A. 会 □　　　　B. 不会 □

教学评价

社区参与校本课程标准提出“联系生活经验，尊重个体差异”的基本理念，陈老师在这节课把这个课程理念体现得淋漓尽致。第一，全班学生在上这节课前，由教师带领外出，在真实社区环境中坐公交车，为学习这节课的内容、达成预设的教学目标奠定认知基础。第二，陈老师在本课伊始播放学生坐公交车的微视频，在课上结合教学内容依次呈现学生坐公交车的照片。这些熟悉的画面能把学生的学习积极性充分调动起来，达到很好的教学效果。第三，陈老师采用通俗易懂的、结合学生生活经验编写的歌诀，帮助学生更好地理解及掌握坐公交车的流程。第四，陈老师由始至终结合A、B组学生的不同学习情况，充分尊重学生个体差异，实施分层教学和指导。例如，在导入环节，陈老师设计不同层次的口头问题，让有相应能力的学生作答；在巩固练习环节和课后作业环节，陈老师均提供呈现形式及难度不同的书面作业给不同层级的学生作答。

另外，在社区参与校本课程标准中，有以下教学建议：立足学生的社区生活需要，选择相应的课程内容；实施“教师—家长”协同教学策略。在番禺区，乘坐公交车是学生参与社区生活必不可少的内容。陈老师选择此内容进行教学，充分体现了教学源于生活、用于生活。本节课教学前，陈老师已与家长进行沟通，让学生带一张可使用的乘车卡回校。这节课上，每位学生都亮出了自己的乘车卡。本节课结束后，陈老师布置家庭作业，让家长配合评测学生对本节课内容的学习情况，充分发挥了家长协同教学的作用，使家校教学同步开展，合力促使学生掌握坐公交车的流程。同时，从本节课主教教师和助教教师的有序配合及两组学生的合作学习可看出，陈老师恰到好处地开展了教师之间的协同教学及有效组织了学生之间的协同学习。

在学习评价方面，社区参与校本课程标准提出“评价人员多元化”“评价内容生活化”“评价方法多样化”等建议。为充分了解学生在校内、校外坐公交车的表现，本节课结束后，两名授课教师及时进行学习评价，家长则通过检查学生的家庭作业、带学生到社区的真实环境中坐公交车，对学生的学习情况进行拓展评价，体现了评价人员的多元化。无论是教师评价，还是家长评价，评价内容均紧扣学生乘坐公交车的生活实践来展开，体现了评价内容的生活化。陈老师和助教教师在教学过程中结合每位学生的具体表现进行个别化的分散评价，在课后使用测量法集中统一评价，家长则使用观察法评价学生乘坐公交车的表现，体现了评价方法的多样化。

因为教室的模拟情境在一定程度上限制了学生练习如何在公交车上站好扶稳，所以建议陈老师使用视频或图片向学生讲解相关的注意事项。

评价教师：万莉莉（广州市番禺区培智学校）

性教育（女生）

我会保管卫生巾：把卫生巾放在裤子口袋里

授课教师：万莉莉（广州市番禺区培智学校）
指导教师：陈海苑（广州市番禺区培智学校）

教学内容简介

由广州市番禺区培智学校所制定的《智障学生性教育校本课程标准（2017年版）》[①] 中，“男女性特有健康问题的处理”学习领域的一个课程目标是“关注使用、选购内衣、护垫、卫生巾的卫生、安全、健康问题”；中年级“男女性特有健康问题的处理”学习领域的一项课程内容是“处理月经的方法正确（例如在合适的地方存放护垫、卫生巾，贴换护垫、卫生巾的方法正确，记录月经期，在经期注意卫生、饮食、保暖、运动、休息，适时使用护垫、卫生巾等）”。

基于上述课程目标和内容，教师参考性教育课程所配套的《知“性”教师这样做：智障学生性教育实用手册（教师用书）》中“中年级篇——第六单元　青少年要学习——四、我会处理白带、月经”相关内容，把本节课的教学内容设定为“保管卫生巾”，主要指导学生掌握把卫生巾放在裤子口袋里的正确方法，养成保管卫生巾的文明、卫生习惯，形成保护自己身体隐私的意识，为后续走进厕所撕贴卫生巾奠定基础。

学生情况分析

本节课是小组训练课。受训学生共有4名，均是五年级的智障女生（旋为轻度智障学生，认知能力及精细动作能力均较强；晓、晴为中度智障学生，能认识基本的事物、听懂常用的指令、具有一定的精细动作能力；月为重度智障学生，认知能力及精细动作能力较弱）。其中，晓已来月经1年，仍然不时随意放置卫生巾。旋、晴、月来月经才3个月，对卫生巾的保管意

---

① 参见陈海苑，万莉莉．知“性”教师这样做：智障学生性教育实用手册：教师用书．广州：暨南大学出版社，2017．

识仍较薄弱。例如，她们把包装或片装的卫生巾直接放在教室的书桌上；来月经时，她们把卫生巾揉成一团握在手中，带到厕所。

经过前段时间的学习后，她们能从外包装袋的文字及图片判断某物品是否卫生巾，知道要把卫生巾存放在柜子或书包里。

教学目标

一、知识与技能

旋：能独立从书包里拿出一片卫生巾，把它平整地放在空的裤子口袋里，再拉上书包的拉链。

晓、晴：能在教师的示范和少量说明下，从书包里拿出一片卫生巾，把它平整地放在空的裤子口袋里，再拉上书包的拉链。

月：能在教师的少量肢体辅助和说明下，从书包里拿出一片卫生巾，把它平整地放在空的裤子口袋里，再拉上书包的拉链。

二、过程与方法

通过观看教师的范例操作和自身的实际操练，明确保管卫生巾的注意事项，掌握把卫生巾放在空的裤子口袋里的技能。

三、情感、态度与价值观

养成保管卫生巾的文明、卫生习惯。

教学重点

能从书包里拿出一片卫生巾，把它平整地放在空的裤子口袋里，再拉上书包的拉链。

教学难点

养成保管卫生巾的文明、卫生习惯。

教学准备

（1）课件《我来月经了》：“阴部没流血，我没来月经，不用卫生巾，放在柜子里，放在书包里。阴部流经血，我来月经了，要告诉老师，小小声去说。阴部流经血，我来月经了，要告诉家人，小小声去说。我来月经了，要用卫生巾，还要用纸巾，放在口袋里。我走进厕所，先去洗洗手，纸巾擦干手。关好厕所门，我再脱裤子。撕脏卫生巾，扔到垃圾桶。蹲下用纸巾，擦干净阴部。贴新卫生巾，撕外包装膜，扔到垃圾桶。在裤底中间，按一按两头，按按小贴纸，贴中间部分。撕走小贴纸，扔到垃圾桶，在裤底两边，贴两边部分。提好内裤后，摸一摸前面，摸一摸两边，摸一摸后面，贴得好不好。看一看裤子，如果有经血，回房间换掉。提好裤子后，冲干净厕所，我再打开门，洗洗手就走。”（其中，“在裤底中间，按一按两头，按按小贴纸，贴中间部分。撕走小贴纸，扔到垃圾桶，在裤底两边，贴两边部分”这些步骤用视频展示；其他步骤用图片展示。）

（2）包装、片装卫生巾的实物若干。

（3）表示可放置物品的地方的图片若干，例如水桶、文具盒等。

教学过程

一、准备上课

（1）教师小声询问：“今天，在这个小房间里，我们要继续学习和月经、卫生巾有关的事情。那么，我们首先要怎么做?”学生关门、关窗户、拉窗帘。若学生忘记前段时间学习的这些做法，教师可指一指门、窗或做“关上”的假动作，进行提示。

（2）教师小声解释：“月经和卫生巾，是不能随便给其他人看到、不能随便给其他人听到的，所以我们要关门、关窗户、拉窗帘，还要小声说。”

设计意图

对于与处理月经相关的内容，广州市番禺区培智学校一般会安排在类似个训室的小空间开展教学；同时，教师会小声指导学生。这样的做法均是向学生传达“这些事情不能随便给别人看到、不能随便给别人听到”。另外，学生亲自去关门、关窗、拉窗帘，有助于形成保护自己身体隐私的意识。

二、认一认：这是卫生巾

（1）教师给每个学生派发一包卫生巾，小声询问：“这是什么？你是怎么知道的?”学生找出外包装袋的“卫生巾”文字及图片。若学生忘记前段时间学习的这些知识，教师可出示卫生巾的文字或图片，进行提示。

（2）教师指着卫生巾外包装袋的文字及图片，小声总结：“看文字，看图片，我们知道这是卫生巾。”

设计意图

这个环节属于复习环节，让学生巩固对包装卫生巾的认识。

三、读一读：我来月经了

（1）教师拿着一包卫生巾，小声询问："卫生巾用来做什么？"教师出示"来月经，把卫生巾贴在内裤上"的卡通图片，小声说："没错，来月经时，我们要用卫生巾。下面，我们一起看看怎么用卫生巾。"

（2）教师带领学生一边看课件《我来月经了》，一边小声朗读歌诀。对于能用动作表示的词句，教师带领学生在朗读时做相关的动作。

设计意图

课件中，教师使用图片及视频，让学生直观感知卫生巾的用途。另外，五个字的歌诀形式有利于学生识记处理月经的步骤。

四、练一练：把卫生巾放在裤子口袋里

（1）教师小声询问："来月经时，我们要拿着卫生巾去厕所，把它贴在内裤上。那么，我们要把卫生巾放在哪里，其他人才不能随便看到呢？"

（2）教师示范把卫生巾放在裤子口袋里的方法："首先，我们找到一个空的裤子口袋；然后，我们打开书包，从书包里拿出一片卫生巾，把它平整地放在裤子口袋里。拿卫生巾时，我们要注意把手掌打开、四指伸直、大拇指压着卫生巾来拿。放好卫生巾后，我们可以摸一摸口袋外面，看看卫生巾有没有平着放进去。最后，我们拉上书包的拉链。"

（3）教师出示板书，小声总结口诀："空口袋，书包里，张开拿，平着放，关书包。"

（4）教师指导学生练习把卫生巾放在裤子口袋里：

对于旋，教师尽量让她独立完成，适时单纯使用问题引导，例如询问"拿卫生巾时，四个手指要怎么样"。

对于晓、晴，教师适时给予示范和少量说明，例如一边拉上书包的拉链，一边说"关书包"。

对于月，教师适时给予少量肢体辅助和说明，例如一边拉着她的手翻找哪个口袋是空的，一边说"找空口袋"。

（5）学生完成后，教师拿出她们裤子口袋里的卫生巾，让其他学生一起观察卫生巾是否平整，点评同伴的表现。

设计意图

教师利用三字经式的口诀，帮助学生快速掌握把卫生巾放在裤子口袋里的正确方法。考虑到裤子口袋在大腿附近，大腿是身体隐私部位之一，教师不会安排学生互相检查卫生巾是否被平整地放在裤子口袋里，而是先把学生口袋里的卫生巾拿出，再指导学生观察卫生巾是否平整。

五、找一找：把卫生巾放在哪里

（1）教师出示若干图片（含干扰图片，例如水桶、文具盒等），小声询问："找一找，除了裤子口袋外，我们还可以把卫生巾放在哪里？"学生找出柜子、书包图片。若学生错误选择其他图片，教师适时告知正确的答案。

（2）教师分别出示把卫生巾放在柜子、书包、裤子口袋里的图片，让学生在相应的图片下打钩，形成板书，小声总结："把卫生巾放在柜子、书包、裤子口袋里。"

设计意图

巩固学生对卫生巾存放地方的认识。

六、总结

教师一边指着板书，一边小声总结："今天，我们学习了把卫生巾放在裤子口袋里。请同学们跟着老师一起读：'空口袋，书包里，张开拿，平着放，关书包。'"学生小声跟读口诀。

设计意图

让学生再次明晰把卫生巾放在裤子口袋里的正确方法。

板书设计

我会保管卫生巾：把卫生巾放在裤子口袋里

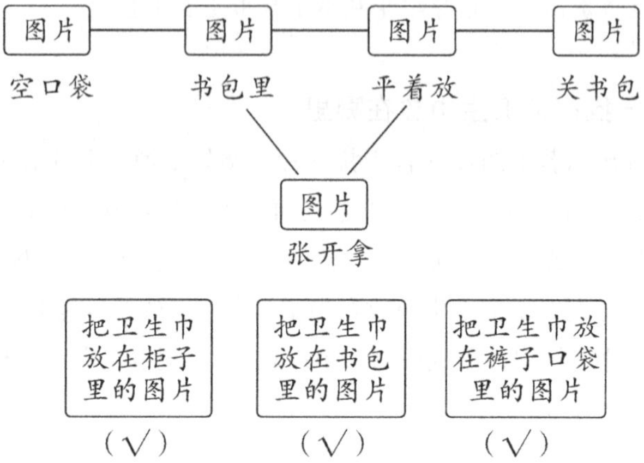

设计意图

图文结合的板书形式能帮助学生理解“把卫生巾放在裤子口袋里”的步骤及方法，并识记三字经式的口诀。教师让学生在卫生巾能存放的地方的图片下打钩，以此指导她们直观感知“柜子、书包、裤子口袋是保管卫生巾的正确地方”。

学习评价

《我会保管卫生巾：把卫生巾放在裤子口袋里》学习评价表

评价教师：____________ **评价日期：**______年_____月_____日

受评学生：____________

说明：本评价表由两部分组成，具体评分要求详见《智障学生性教育校本课程评量手册》①。

第一部分　课后评价

说明：授课教师根据学生的课堂表现，在课后及时评价（如果有其他教师听课，授课教师可邀请听课教师一同参与评价）。请在相应的选项前打“√”。

① 参见陈海苑，万莉莉．智障学生性教育校本课程评量手册．广州：暨南大学出版社，2017.

(1) 找到一个空的裤子口袋来放卫生巾。

- [ ] 0分：无论教师如何提示，学生都不做。
- [ ] 1分：教师一边拉着学生做，一边说明，学生会配合着做。
- [ ] 2分：教师示范并说明，学生会模仿着做。
- [ ] 3分：教师单纯使用问题引导，学生会做。
- [ ] 4分：不需要教师的任何提示，学生会主动做。

(2) 从书包里拿卫生巾时，把手掌打开、四指伸直、大拇指压着卫生巾来拿。

- [ ] 0分：无论教师如何提示，学生都不做。
- [ ] 1分：教师一边拉着学生做，一边说明，学生会配合着做。
- [ ] 2分：教师示范并说明，学生会模仿着做。
- [ ] 3分：教师单纯使用问题引导，学生会做。
- [ ] 4分：不需要教师的任何提示，学生会主动做。

(3) 把卫生巾平整地放在裤子口袋里。

- [ ] 0分：无论教师如何提示，学生都不做。
- [ ] 1分：教师一边拉着学生做，一边说明，学生会配合着做。
- [ ] 2分：教师示范并说明，学生会模仿着做。
- [ ] 3分：教师单纯使用问题引导，学生会做。
- [ ] 4分：不需要教师的任何提示，学生会主动做。

(4) 拿完卫生巾后，拉上书包的拉链。

- [ ] 0分：无论教师如何提示，学生都不做。
- [ ] 1分：教师一边拉着学生做，一边说明，学生会配合着做。
- [ ] 2分：教师示范并说明，学生会模仿着做。
- [ ] 3分：教师单纯使用问题引导，学生会做。
- [ ] 4分：不需要教师的任何提示，学生会主动做。

第二部分　日常生活中评价

说明： 授课教师、班主任、生活辅导教师根据学生的日常生活表现，每月分别填写一份评价表，历时至少一个学期。

（1）来月经时，去厕所贴卫生巾前，把卫生巾放在空的衣裤口袋里。

0 分：无论教师如何提示，学生都不做。

1 分：教师一边拉着学生做，一边说明，学生会配合着做。

2 分：教师示范并说明，学生会模仿着做。

3 分：教师单纯使用问题引导，学生会做。

4 分：不需要教师的任何提示，学生会主动做。

有时	有时	很多时候

（2）来月经时，去厕所贴卫生巾前，把卫生巾平整地放在衣裤口袋里。

0 分：无论教师如何提示，学生都不做。

1 分：教师一边拉着学生做，一边说明，学生会配合着做。

2 分：教师示范并说明，学生会模仿着做。

3 分：教师单纯使用问题引导，学生会做。

4 分：不需要教师的任何提示，学生会主动做。

有时	有时	很多时候

（3）不来月经时，把卫生巾放在柜子或书包里。

0 分：无论教师如何提示，学生都不做。

1 分：教师一边拉着学生做，一边说明，学生会配合着做。

2 分：教师示范并说明，学生会模仿着做。

3 分：教师单纯使用问题引导，学生会做。

4 分：不需要教师的任何提示，学生会主动做。

有时	有时	很多时候

教学评价

这节课能很好地遵循性教育校本课程标准的基本理念“适应学生的‘性’发展需求；注重学生的‘性’实践、体验”。一方面，4 名学生已来月经，但还没有养成文明、卫生保管卫生巾的习惯。于是，万老师基于学生在处理月经方面的需求，开展本节课的教学。另一方面，无论是上课伊始学生关门、关窗户、拉窗帘，还是在“练一练”环节中学生多次练习把卫生巾放在裤子口袋里，万老师均是为了让学生在亲身实践的过程中，体验如何保护自己的身体隐私。

另外，性教育校本课程标准提出以下教学建议：“教师、家长协同教学，确定家校教育内容、方法。”本节课教学前，万老师已与家长就以下事项进行充分沟通：学生学习处理月经的事宜时，要穿口袋较大的校服裤，书包里要放一个布袋子装卫生巾。这样，本节课上，学生就能较容易地把卫生巾放在口袋里，书包里的卫生巾也能保持干净。这样的教学效果有赖于万老师与家长的通力合作。

性教育校本课程标准还提出以下评价建议：“为充分了解学生在校内、校外的‘性’相关表现，教师、家长及其他人员均应参与本课程的评价工作。”本节课教学结束后，万老师制作了学习评价表，不仅邀请听课教师及时评价学生的课堂学习表现，还与班主任、生活辅导教师一同评价学生日常对卫生巾的保管。这种做法非常符合课程标准的要求，也能较全面地考查学生在性教育课的小空间、班级教室、宿舍等不同场所的行为表现。

考虑到旋的能力较强，建议万老师制作适合其操作的评价表，引导她进行自评。

评价教师：陈海苑（广州市番禺区培智学校）

性教育（男生）

文明地看“别人穿暴露的衣服”

授课教师：区绍祥（广州市番禺区培智学校）
指导教师：陈海苑（广州市番禺区培智学校）

教学内容简介

由广州市番禺区培智学校所制定的《智障学生性教育校本课程标准（2017年版）》[①] 中，“性信息的应对”学习领域的一个课程目标是“树立文明应对性信息的意识”；高年级“性信息的应对”学习领域的一项课程内容是“若要看‘别人穿暴露的衣服’的性信息，至少隔着一臂距离去看，不做出其他不文明的行为（例如指、摸、用物品触碰）”。

基于上述课程目标和内容，教师参考性教育校本课程所配套的《知“性”教师这样做：智障学生性教育实用手册（教师用书）》中“高年级篇——第十二单元　文明地应对性信息——二、文明地应对‘别人穿暴露的衣服’[②] 的性信息”相关内容，对本节课进行设计。

“二、文明地应对‘别人穿暴露的衣服’的性信息”这部分内容旨在教导学生养成不随便只穿泳装的习惯；养成只在关门的厕所、关门并拉上窗帘的房间只穿内衣裤的习惯；养成不穿吊带装、低胸装、露脐装、超短裙、超短裤等暴露衣服的习惯；若要看“别人穿暴露的衣服”的性信息，至少隔着一臂距离去看；树立文明应对“别人穿暴露的衣服”性信息的意识。

本节课属于“文明地应对‘别人穿暴露的衣服’的性信息”的技能训练内容，让学生面对“别人穿暴露的衣服”的性信息时，先通过练习伸出手臂测量，至少隔着一臂距离去看，最终实现“不伸手测量，目测至少一臂距离，离远看”。

---

① 参见陈海苑，万莉莉. 知“性”教师这样做：智障学生性教育实用手册：教师用书. 广州：暨南大学出版社，2017.

② “暴露的衣服”指吊带装、低胸装、露脐装、超短裙、超短裤、泳衣、泳裤、内衣裤等并没有裸露隐私部位的衣服。“‘别人穿暴露的衣服’的性信息”指有关“别人穿暴露的衣服”的内容。这些内容可能以视频、图片、实物、真人等形式出现在电视、电影、互联网、报纸、杂志、书籍、广告牌、宣传单等传媒或载体中，也可能不依赖于任何传媒或载体而出现在生活中。“穿暴露的衣服”不等同于“赤裸裸地露出隐私部位”。

学生情况分析

本节课是培智学校八年级男生的小组训练课，共8名男生参与。

A组学生有豪、轩、聪、正4人。经过前段时间的学习，他们能独立判断吊带装、低胸装、露脐装、超短裙、超短裤、泳装、内衣裤等属于暴露的衣服，理解在哪些场所可以/不可以穿这些暴露的衣服。

B组学生有华、俊、浩3人。经过前段时间的学习，在教师的提示下，他们能判断露出肩膀、肚子、腰、大腿等大部分身体部位的衣服属于暴露的衣服，理解在哪些场所可以/不可以穿这些暴露的衣服。

C组学生有志1人。经过前段时间的学习，当教师出示和目标相同的参照物时，他能在若干图片中找出“别人穿暴露的衣服”的目标图片，理解在哪些场所可以/不可以穿这些暴露的衣服。

另外，所有学生学习过“文明地应对‘别人接吻’的性信息”，能初步通过目测距离的方式做到“至少隔着一臂距离，离远看”。

教学目标

一、知识与技能

A组：要看“别人穿暴露的衣服”的性信息时，能独立通过目测距离的方式做到“至少隔着一臂距离，离远看”，不出现“指、摸、用东西碰”等不文明的行为。

B组：要看“别人穿暴露的衣服”的性信息时，能在教师单纯使用问题引导下，通过目测距离的方式做到“至少隔着一臂距离，离远看”，不出现“指、摸、用东西碰”等不文明的行为。

C组：要看“别人穿暴露的衣服”的性信息时，能在教师示范并说明下，模仿着通过目测距离的方式做到“至少隔着一臂距离，离远看”，不出现“指、摸、用东西碰”等不文明的行为。

二、过程与方法

在真实的情境练习中，掌握文明地看“别人穿暴露的衣服”性信息的技能。

三、情感、态度与价值观

初步树立文明地看“别人穿暴露的衣服”性信息的意识。

教学重点

通过目测距离的方式做到“至少隔着一臂距离，离远看”，不出现“指、摸、用东西碰”等不文明的行为。

教学难点

初步树立文明地看“别人穿暴露的衣服”性信息的意识。

教学准备

（1）“某人穿暴露的衣服”的视频或图片若干。

（2）自编歌诀《文明地看“别人穿暴露的衣服”》：“别人穿暴露的衣服，我可以不看，可以离远看，隔一臂距离，做文明的人。”

（3）“服装展”模拟展区，内有“别人穿暴露的衣服/正装/休闲装/运动装”的视频或图片若干。其中，视频通过移动电视机进行播放；图片张贴在墙壁、桌子上。

（4）听课教师若干。

（5）听课教师用来提问学生的任务卡若干，如下图所示：

任务卡

学生带您参观服装展时，请询问学生：

①他们穿的是暴露的衣服吗？

②他们穿这样的衣服时，露出了哪些身体部位？

③平时我们可以穿这样的衣服吗？

考虑到学生目前的年龄，对于第三个问题，学生比较恰当的回答是：一般在海边、泳池、表演台等地方可以穿泳装。只在关门的厕所、关门并拉上窗帘的房间只穿内裤。不能穿吊带装、低胸装、露脐装、超短裙、超短裤等暴露的衣服。

注意：若学生出现不文明的行为（例如离近看、指、摸、用东西碰），请您马上纠正。

教学过程

一、复习：什么是暴露的衣服

（1）教师出示“某人穿暴露的衣服”的图片，询问学生：“同学们，上节课我们学习了‘暴露的衣服’。请大家看一看，想一想，什么是暴露的衣服？穿这些衣服时，会露出哪些身体部位？”

（2）学生在自己的身体上指出图片人物所露出的部位后，教师总结：“露出肩膀、肚子、腰、大腿等大部分身体部位的衣服，叫暴露的衣服。这些人穿暴露的衣服。”

设计意图

教师带领学生复习暴露的衣服的常见类型，有助于学生在后续活动中判断别人是否穿暴露的衣服，从而做出恰当的反应。

二、学习新知：别人穿暴露的衣服时，我怎么做，才是文明的人

1. 学一学

（1）教师出示“某人穿暴露的衣服”的图片，询问学生：“别人穿暴露的衣服时，如果我们不想看，可以怎么做？”

（2）教师示范远离图片，背对图片，解释：“如果我不想看别人穿暴露的衣服，可以不看。”

（3）教师进一步询问学生：“别人穿暴露的衣服，如果我们想看，应该怎么做，才是文明的人？”

（4）教师示范伸出手臂，离图片至少一臂距离后站着，放下手臂，解释：“别人穿暴露的衣服，如果我想看，可以像这样离远看，隔一臂距离。讲文明！”

（5）教师指导每个学生轮流看图片，伸出手臂测量距离后放下手臂，强调：“请记住，这就是隔一臂距离。以后如果想看别人穿暴露的衣服，不用伸手了，像这样离远看。讲文明！”

（6）教师总结：“别人穿暴露的衣服，我可以不看，可以离远看，隔一臂距离，做文明的人。”

2. 练一练

教师依次出示“某人穿暴露的衣服”的各种图片，让每个学生轮流到黑板前看，询问“他们穿的是暴露的衣服吗？他们穿这样的衣服时，露出了哪

些身体部位？平时我们可以穿这样的衣服吗？”等问题，观察学生会否至少隔一臂距离去看。

对于A组学生，教师尽量让他们独立通过目测距离的方式做到离远看。若他们能独立做到，教师进一步询问：“你可以站近点看吗？为什么？”若他们不能独立做到，教师单纯使用问题引导，例如询问“你要离多远看，才是文明的人？”

对于B组学生，教师单纯使用问题引导他们通过目测距离的方式做到离远看。

对于C组学生，教师一边示范通过目测距离的方式做到离远看，一边说明“别人穿暴露的衣服，我可以离远看，隔一臂距离，做文明的人”，引导他模仿着做。

若A、B、C组学生仍想通过伸手测量距离的方式离远看，教师可提醒他们放下手臂，并强调：“请记住，这就是隔一臂距离，以后不用伸手了。”

设计意图

为帮助学生理解“离远看”这个比较抽象的概念，教师让学生先学一学伸出手臂来感知距离，为目测距离奠定基础。在“练一练”环节中，教师则让学生多练习目测距离，而不是每次都伸手测量。

三、巩固与拓展：参观“服装展”

（1）授课教师指着教室后部的“服装展”模拟展区，说：“今天，老师在教室后面布置了一个服装展区。请大家一起跟着老师，看一看展区里面有什么衣服。”

（2）授课教师带领学生到达“服装展”模拟展区，观看各种服装的视频、图片，询问“他们穿的是暴露的衣服吗？他们穿这样的衣服时，露出了哪些身体部位？平时我们可以穿这样的衣服吗？”等问题，观察学生会否至少隔一臂距离去看“别人穿暴露的衣服”，适时提示并总结。

（3）授课教师引导学生各自邀请听课教师参观“服装展”，并观察学生会否至少隔一臂距离去看“别人穿暴露的衣服”，适时提示。听课教师根据任务卡询问“他们穿的是暴露的衣服吗？他们穿这样的衣服时，露出了哪些身体部位？平时我们可以穿这样的衣服吗？”等问题。

（4）若学生出现不文明的行为（例如离近看、指、摸、用东西碰），授课教师、听课教师马上纠正。

设计意图

教师设计“跟随参观”和“主导参观”两个活动，使学生在更接近日常生活的情境中学习离远看“别人穿暴露的衣服”的性信息。而听课教师使用任务卡询问学生，一方面可让学生与听课教师之间有交流话题，便于听课教师长时间观察学生的行为是否恰当；另一方面有利于学生巩固与本节课相关的“别人穿暴露的衣服”方面的内容。

四、总结

（1）教师点评学生表现，指着板书，总结：“别人穿暴露的衣服，我可以不看，可以离远看，隔一臂距离，做文明的人。”学生跟读歌诀。

（2）教师布置家庭作业：让家长留意学生在真实的社区情境中遇到“别人穿暴露的衣服”的性信息时，会否至少隔一臂距离去看，或选择不看。

设计意图

学生跟读歌诀，巩固文明地看“别人穿暴露的衣服”性信息的相关技能。

板书设计

文明地看“别人穿暴露的衣服”

我可以不看

可以离远看

隔一臂距离

“某人穿暴露的衣服”的图片

设计意图

在“某人穿暴露的衣服”的图片旁边配上朗朗上口的歌诀，可起到视觉提示的作用，帮助学生记住如何文明地看“别人穿暴露的衣服”，并做出适当的行为。

学习评价

《文明地看“别人穿暴露的衣服”》学习评价表

评价教师：__________ **评价日期：**______年_____月_____日

受评学生：__________

说明：授课教师、听课教师根据学生的课堂表现，在课后及时评价。具体评分要求详见《智障学生性教育校本课程评量手册》[①]。请在相应的选项前打“√”。

（1）面对“别人穿暴露的衣服”的性信息，不看或至少隔着一臂距离去看。

☐ 0分：无论教师如何提示，学生都不做。

☐ 1分：教师一边拉着学生做，一边说明，学生会配合着做。

☐ 2分：教师示范并说明，学生会模仿着做。

☐ 3分：教师单纯使用问题引导，学生会做。

☐ 4分：不需要教师的任何提示，学生会主动做。

（2）面对“别人穿暴露的衣服”的性信息，不做其他不文明行为（例如指、摸、用东西碰）。

☐ 0分：无论教师如何提示，学生都不做。

☐ 1分：教师一边拉着学生做，一边说明，学生会配合着做。

☐ 2分：教师示范并说明，学生会模仿着做。

☐ 3分：教师单纯使用问题引导，学生会做。

☐ 4分：不需要教师的任何提示，学生会主动做。

---

① 参见陈海苑，万莉莉. 智障学生性教育校本课程评量手册. 广州：暨南大学出版社，2017.

教学评价

“注重学生的‘性’实践、体验”是性教育校本课程标准的基本理念之一。在日常生活情境中，学生很容易接触到“别人穿暴露的衣服”的性信息（例如，在电视上或街上看到别人穿吊带装，在杂志上或商场内看到穿泳裤的真人模特或仿真模特）。课堂上，无论是在“练一练”环节中看“别人穿暴露的衣服”的图片，还是在“巩固与拓展”环节中参观“服装展”，区老师均创设了尽可能贴近学生真实生活的情境，引导他们积极参与如何看“别人穿暴露的衣服”的实践活动，体验如何文明地看“别人穿暴露的衣服”的性信息。

“教师、家长协同教学，确定家校教育内容、方法”是性教育校本课程标准的教学建议之一。上课前，区老师向家长详细了解了他们对于文明地应对“别人穿暴露的衣服”性信息的教学建议。结合家长的意见，并考虑到教学的尺度问题，区老师最终采用衣着不过分暴露的视频或图片作为本节课的教学素材。上课后，区老师及时布置家庭作业，让家长留意学生在真实的社区情境中遇到“别人穿暴露的衣服”的性信息时会否至少隔一臂距离去看，或选择不看。区老师的上述做法充分体现了性教育校本课程标准所建议的“教师—家长”协同教学策略。

此外，区老师能“综合运用观察法、访谈法、测量法等评价方法”，符合性教育校本课程标准所提出的评价建议。对于学生能否文明地应对“别人穿暴露的衣服”的性信息，区老师和听课教师运用测量法，使用区老师自编的学习评价表，评价学生在课堂上的表现；区老师还运用访谈法，向家长了解学生在日常生活中的常态表现。

鉴于A组学生的能力较强，建议区老师尝试引导他们开展自评和互评，进一步训练他们的综合能力。

评价教师：陈海苑（广州市番禺区培智学校）

融合教育绘本

辉辉的成长秘密

——绘本阅读课之《辉辉的小脸蛋》

授课教师：朱小露（广州市番禺区化龙镇中心小学）
指导教师：陈海苑（广州市番禺区培智学校）

教学内容简介

融合教育绘本是以反映残障人士的行为特点、生活状态或精神风貌为题材（有时会用动植物形象来隐喻残障人士），由文字和图画或完全由图画组合起来的图画故事书。

普通小学融合教育绘本课程是普通学校小学教育阶段的一门校本课程，由广州市番禺区教育局中小教科和番禺区培智学校、番禺区化龙镇中心小学、番禺区东怡小学、番禺区南村镇中心小学、番禺区钟村奥园学校、番禺区大石富丽小学、番禺区市桥沙墟二小学、番禺区沙湾镇西村育才小学、番禺区天誉小学联合开发，适用于普通小学一至六年级的学生（含普通学生及残障学生）。

结合我国学生发展核心素养，该课程把融合教育绘本内容划分为“真融教育”“善融教育”“美融教育”三大主题。其中，“真融教育”的内涵是“真诚、平等”；“善融教育”的内涵是“友善、互助”；“美融教育”的内涵是“努力、乐观”。根据学生的学习活动方式，该课程把绘本学习划分为“绘本阅读”“绘本创作”“绘本讲演”三大层次。

《普通小学融合教育绘本课程标准（2020 年版）》在中年级“美融教育”主题的绘本阅读层次设置了“进一步理解残障人士在生活中所遇到的困难及相关的想法、做法，进一步感受残障人士克服困难的勇气、决心和乐观的生活态度”的课程内容。

基于上述课程内容，教师在本节课引导学生提取“美融教育”融合教育绘本《辉辉的小脸蛋》① 的关键图文信息，组织学生以小组为单位完成学习单，回顾辉辉克服困难的成长经历，进一步理解辉辉这类面部残疾或创伤的

---

① 藤井辉明，文；龟泽裕也，图．辉辉的小脸蛋．张小苑，译．北京：北京联合出版公司，2017.

残障人士在生活中所遇到的困难及相关的想法、做法；创设“彩虹卡”体验活动，帮助学生关注辉辉努力、乐观的内在积极品质，促进学生进一步感受辉辉这类面部残疾或创伤的残障人士克服困难的勇气、决心和乐观的生活态度。

学生情况分析

本节课是普通小学四年级集体课，共42名学生参与。

学习本课前，学生已有小组合作学习的课堂经验（一般为5～6人小组），基本具备独立绘制思维导图的能力，能根据绘本内容绘制流程图、“情节梯”等类型的思维导图。经过第一课时的学习，学生已基本了解《辉辉的小脸蛋》的故事概要，并结合绘本主角辉辉的成长经历，绘制了“辉辉的成长”流程图。在本节课，学生进入第二课时的学习。

教学目标

一、知识与技能

（1）能独立阅读绘本《辉辉的小脸蛋》，从中提取、概括关键的图文信息。

（2）进一步理解辉辉这类面部残疾或创伤的残障人士在生活中所遇到的困难及其相关的想法和做法。

二、过程与方法

（1）通过绘制“情节梯”完成小组学习单，概括辉辉在生活中所遇到的主要困难及其想法和做法。

（2）通过“彩虹卡”体验活动，思考及绘制辉辉努力克服困难、乐观生活的人物形象。

三、情感、态度与价值观

（1）喜欢阅读绘本，并感受阅读绘本的乐趣。

（2）进一步感受辉辉这类面部残疾或创伤的残障人士克服困难的勇气、决心和乐观的生活态度。

教学重点

独立阅读绘本《辉辉的小脸蛋》，以小组合作学习的方式，进一步理解辉辉这类面部残疾或创伤的残障人士在生活中所遇到的困难及其相关的想法和做法。

教学难点

进一步感受辉辉这类面部残疾或创伤的残障人士克服困难的勇气、决心和乐观的生活态度。

教学准备

（1）多媒体课件《辉辉的成长秘密》、背景音乐、张贴式图文板书（包括一张绘本封面图、一张“情节梯”图示、若干空白文字条等）。

（2）每个小组各一份资源包，内含《辉辉的小脸蛋》绘本实体书若干（保证每个学生手持一本绘本）、《“辉辉的成长之路”小组学习单》若干（学习单是A3尺寸，保证每个小组一份）、《“辉辉的成长秘密”小组学习单》若干（学习单是全开的大白纸，保证每个小组一份）、六色水彩笔若干（保证每个学生手持一支水彩笔，同组学生所持的水彩笔颜色不同）。

（3）教师结合绘本“致读者”内容和作者简介制作短视频，文字如下：“大家好！我叫藤井辉明，1957年出生于东京都国立市，毕业于名古屋大学研究生院，是一位医学博士。我的人生一直伴随着‘外貌的问题’。两岁的时候，我因为患海绵状血管瘤，脸部红肿。小学一年级，我遭遇了严重的欺凌。但是母亲一直坚持对我说：‘你有很多魅力和强项呢！’转学之后，老师对同学们说：‘辉辉的脸虽然有点儿红，但这都是辉辉的个性。’小朋友们也接受了这个说法，认为‘这样的容貌就是辉辉的个性’。不光是我的父母，还有师长、朋友们都一直支持、鼓励着我。如今，每当遇到盯着我看的人，我都能微笑着对他们鞠躬致意，我的微笑也融化了一些人眼中的芒刺。微笑是有魔力的，既温暖自己，也照亮别人。这种魔法人人能用。我期待这个世界能变成一个充满善意和微笑的美好世界。”

教学过程

一、设疑导入（3分钟）

（1）教师在课件呈现课前约定，作开场白：“同学们，欢迎来到绘本故事屋！今天，我们继续相约‘安静聆听、专注观察、认真思考’，一起畅游绘本阅读大世界。”

（2）教师把绘本封面图张贴在黑板上，询问：“上一节课，我们分享了绘本故事《辉辉的小脸蛋》。你们能借助上节课制作的流程图，说说它讲述了一个怎样的故事吗？”

（3）教师板书“辉辉的成长”，用课件呈现“辉辉的成长”流程图（见下图），询问：“谁来试试看？”

（4）教师小结：“辉辉自小时候脸上长瘤子后就开始饱受欺凌，幸好有父母一直关怀、鼓励他。转学后，他在身边人的支持下参与各种课外活动和技能学习，慢慢走出困境。长大后，他成为了不起的医学博士，还会给学校里的孩子们讲自己的故事。”

（5）教师顺势在“辉辉的成长”右侧板书“秘密”，引入主题：“同学们想知道辉辉是怎么成为了不起的医学博士的吗？这节课就让我们一起回顾辉辉的成长之路，寻找辉辉的成长秘密吧！”

设计意图

教师与学生在开场进行课前约定，有助于学生调整学习心态，更好地进入绘本阅读的学习活动。教师利用流程图，帮助学生回顾上一节课所了解的故事概要，以激发学生的积极性；同时，教师设置疑问，引入主题，有助于学生聚焦绘本角色，产生重读绘本的兴趣与欲望。

二、借助“情节梯”，理解成长难题（20分钟）

（1）教师引导学生自主思考：“大家想想，流程图中哪个阶段对于辉辉的成长来说是最重要的？”

学生自由发言后，教师小结及追问学生：“大家都认同转学后是辉辉最重要的成长阶段。在转学前，辉辉的脸曾经让他饱受欺凌。幸好有父母协助，还有自己的努力，他才能顺利转学，迎来新生活。那么，你们知道转学后的辉辉还会遇到哪些新难题吗？”

教师导入小组学习单：“每个人的生命中总会或多或少遇到各种难题，

辉辉也不例外。接下来，我们将利用小组资源包里的学习单，继续探讨辉辉转学后遇到的新难题，以及他是怎样面对这些成长难题的。”

（2）每个小组从资源包里取出《“辉辉的成长之路”小组学习单》，教师解说要求：“请每个小组成员结合绘本第 9 ~ 14 页内容（详见附录），按照学习单具体要求各自分工，合作完成学习单。完成时间是 12 分钟。老师开始播放音乐，同学们就开始阅读绘本、完成学习单。老师停止播放音乐，代表活动结束。”

“辉辉的成长之路”小组学习单

班级：__________　　组别：__________

组长：__________

组员：______（画图）　______（记录）　______（发言）

　　　______（观察）　______（协助）

任务（一）要求

①每位组员独立阅读绘本第 9 ~ 14 页的图文信息，了解该部分内容大意。

②小组抓住要点信息展开讨论，概括辉辉转学后遇到的主要难题。

③小组达成相对一致的意见后，照样子将辉辉遇到的主要难题按序填到“情节梯”的横线上。（注：可根据实际增减梯级。重复信息可合并，次要信息可删除）

任务（二）要求

①请每位组员结合绘本第 9 ~ 14 页图文信息，思考和找出辉辉面对困难时的想法和做法。

②组内交流讨论，达成一致意见后，归纳辉辉面对相应难题时的具体想法和做法。

③将小组的最终意见，照样子填入“情节梯”的括号中。（注：文字尽可能简要）

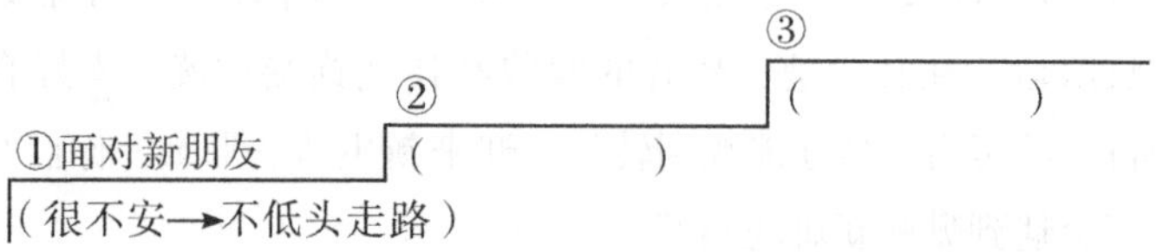

各小组填写作业单时，教师巡视，适时指导。若教师发现学生对绘制过程不甚了解，可逐步引导学生学习如何制作“情节梯”：步骤一：了解大意。借助绘本的图文信息，了解该绘本的整体内容。步骤二：概括主要情节，即抓住图文要点，提取及概括关键事件。步骤三：按序完成“情节梯”。这一步是指依照顺序，将关键事件填入“情节梯”内。教师还可提醒学生关注绘制“情节梯”的小技巧：重复信息可合并，次要信息可删除。

（3）等全部小组基本完成学习单后，教师随机邀请或由学生自荐小组代表上台展示。教师引入：“现在是展示时间，即将上台展示的小组请注意，每组需要派代表合作展示，时长不超过 2 分钟。其中，一个人负责投影，一个人作为主讲介绍。在展示过程中，其余小组要认真聆听；在展示结束后，大家可以举手补充不同的意见。”

（4）学生以小组为单位自主展示及补充意见后，教师小结并完成板书：“辉辉转学后遇到不少难题，例如面对新朋友，瘤子越来越大，烦心脸的事等。不过，在家人、新朋友的支持和鼓励下，辉辉不再低头走路，参加了很多兴趣班和学习了新技能，从中培养出自己的强项。辉辉虽然害怕再被欺凌，但因为有新同学、老师等的鼓励，他的内心世界逐渐变得强大，他积极去尝试自己喜欢、想做的事，变得越来越自信。”

（5）教师展示课件，引入：“其实，绘本中的辉辉真有其人，他就是藤井辉明，让我们一起来认识他”，播放结合绘本“致读者”内容和作者简介的自制短视频。

（6）教师小结及引导学生思考：“再次感谢现实中的辉辉给我们带来克服困难的‘微笑魔法’。现在，请大家闭上眼睛，自由想象 1 分钟，想一想：这样的辉辉在你的心里留下了怎样的印象？他是个怎样的人？”

设计意图

小组学习单所使用的“情节梯”是阅读学习中常用的思维导图工具之一，因其形似阶梯而得名。自下而上的阶梯能帮助学生更好地理解辉辉成长中经历过的困难，并结合转学后的主要情节深化对辉辉努力克服困难的思考。小组合作完成学习单，一方面可促进组员形成分工合作的互助意识，建立责任感；另一方面可让学生在协同学习的环境下，达到分享交流，促进人际交往的效果。同时，教师可以借助“观察员”的记录了解每个组员的学习参与情况。教师自制短视频，以此简介辉辉的现实原型，既能丰富辉辉的人物形象，也能给学生提供与作者对话的窗口，促进学生深化理解辉辉努力、乐观的生活态度。

三、绘制“彩虹卡”，领悟成长秘密（16 分钟）

（1）教师继续引导：“同学们，时间到了，请慢慢张开眼。相信每个同学都有自己心中的辉辉形象。接下来，我们会进行‘彩虹卡’体验活动，尝试领悟辉辉的成长秘密。”

（2）每个小组从资源包取出《“辉辉的成长秘密”小组学习单》，教师解说要求：“请每个小组长给每位组员派发一支彩笔，大家按照要求完成学习单。完成时间是 10 分钟。老师开始播放音乐，同学们就开始变身画手。老师停止播放音乐，代表活动结束。”

“辉辉的成长秘密”小组学习单

要求

①全体组员集体变身画手，用画图或写字的方式，绘制心中的辉辉形象，添加人物的表情、衣着打扮、口头禅、常用物品、人物评价（写关键词）等内容，使人物形象更加丰满。人物评价可以写在辉辉的黑白卡通人形图片上。

②为保证每组参与机会均等，每次只能接受一位画手的创作，其他组员请自觉排队。每位组员只能对画面进行添加，不能擦掉前面组员的劳动成果。

辉辉的黑白卡通人形图片（位于中央）

各小组创作时，教师巡视，适时引导学生主要关注绘本主角的内在品质，把具体的评价以关键词的形式写在辉辉的“身体”上，以示区别“衣着打扮”“常用物品”等外在评价项目。

（3）教师邀请 1 ~ 2 组代表进行全班分享，小结及顺势张贴板书“努力”“乐观”：“老师和很多同学的看法是一样的。老师也觉得，辉辉的努力和乐观就是辉辉的成长秘密所在。”

设计意图

“彩虹卡”一语双关，一方面代表辉辉雨后见彩虹般的经历，另一方面是作为活动工具。此活动让学生借助小组的力量进行纸笔头脑风暴，通过人物评价进一步体验和感受辉辉努力克服困难、乐观生活的人物形象。每个组员使用不同颜色的彩笔，一方面呼应了“彩虹卡”的寓意，另一方面可以区分不同组员的意见，同时检验组员是否全部参与其中，便于开展课后学习评价。

四、课堂总结（3 分钟）

教师总结及预告：“请同学们再次回顾学习单。我们可以发现，辉辉的成长秘密在于当他遇到困难时，他自己会努力克服、乐观面对，他身边的人会给予支持和鼓励，让辉辉更有前进的动力！这节课里，我们借助‘情节梯’一步一步地理解辉辉的成长之路，在‘彩虹卡’活动中揭开他的成长秘密。相信辉辉努力克服困难、乐观生活的成长经历已让在座的我们备受启发，收获满满！下一节课，我们还将借助‘彩虹卡’的另类玩法，继续相约绘本创作课，敬请期待！”

设计意图

教师的课后预告有助于学生对后续的课程学习保持期待。

板书设计

辉辉的成长秘密

——绘本阅读课之《辉辉的小脸蛋》

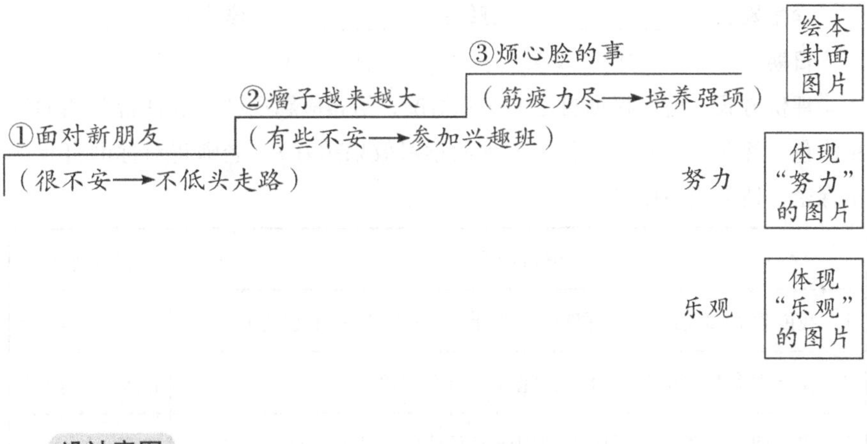

设计意图

图文结合的“情节梯”板书形式能直观地呈现辉辉在转学后的重要成长经历，同时与小组学习单内容相通，便于展示学生的生成内容（板书“情节梯”以及归纳辉辉成长之路的文字内容为预设词汇，可根据学生课堂表现进行相应调整)。此外，师生归纳的词汇简洁明了，有助于后续绘本创作课给学生提供有益的参考思路。

学习评价

说明：本节课的学习评价由两部分组成。

第一部分　质性评价

授课教师收集每个小组所完成的《“辉辉的成长之路”小组学习单》《“辉辉的成长秘密”小组学习单》，就学生在课堂上的参与程度及对绘本人物的理解程度进行评价，为后续的绘本创作课做好准备。

第二部分　量化评价

学生自评：学生根据自己在课堂上的参与程度及对绘本的理解程度，进行量化评价。

小组互评：小组成员根据其他成员在课堂上的参与程度及对绘本人物的理解程度，进行量化评价。

教师评价：授课教师根据小组在课堂上整体的参与程度及对绘本人物的理解程度，进行量化评价。

《辉辉的成长秘密》学生自评表

学生姓名：__________　　**班级：**__________　　**学号：**__________

日期：________年________月________日

评价方式：请你根据自己的实际情况，给相应题项“自我评价”栏的星星涂色（涂色星星越多，代表该项的学习效果越好）。老师将对你的自我评价保密，请你放心作答。

项目内容	自我评价
1. 我能独立阅读绘本《辉辉的小脸蛋》，提取关键图文信息。	☆☆☆☆☆
2. 我能主动和组员分工合作，完成小组学习单。	☆☆☆☆☆
3. 我能理解辉辉在生活中遇到困难时具体的想法和做法。	☆☆☆☆☆
4. 我喜欢阅读绘本《辉辉的小脸蛋》。	☆☆☆☆☆
5. 我能从辉辉身上感受到这类残障人士努力、乐观的生活态度。	☆☆☆☆☆

（续上表）

项目内容	自我评价
6. 我认为辉辉是一个努力克服困难、乐观生活的孩子。	☆☆☆☆☆
7. 本节课上，我对自己的综合评价为：	☆☆☆☆☆

《辉辉的成长秘密》小组互评表

组别：____________ **被评组员姓名：**____________

日期：______年_____月_____日

评价方式：请你根据所了解的小组成员的实际情况，给相应题项“他人评价”栏的星星涂色（涂色星星越多，代表该项的学习效果越好）。老师将对你的评价保密，请你放心作答。

项目内容	他人评价
1. 该组员能独立阅读绘本《辉辉的小脸蛋》，提取关键图文信息。	☆☆☆☆☆
2. 该组员能主动参与小组活动，分工合作完成小组学习单。	☆☆☆☆☆
3. 该组员能理解辉辉在生活中遇到困难时具体的想法和做法。	☆☆☆☆☆
4. 该组员喜欢阅读绘本《辉辉的小脸蛋》。	☆☆☆☆☆
5. 该组员能从辉辉身上感受到这类残障人士努力、乐观的生活态度。	☆☆☆☆☆
6. 该组员认同辉辉是一个努力克服困难、乐观生活的孩子。	☆☆☆☆☆
7. 本节课上，我对该组员的综合评价为：	☆☆☆☆☆

《辉辉的成长秘密》教师评价表

组别：____________ **教师姓名：**____________

日期：______年_____月_____日

评价方式：请你根据所了解的小组整体实际情况，在相应题项“教师评价”栏中用“○”圈出对应分值（分值范围为 1 ~ 5，对应学习效果的程度为从“较差”至“优秀”；分值越高代表该项的学习效果越好）。

项目内容	教师评价
1. 该小组能独立阅读绘本《辉辉的小脸蛋》，提取关键图文信息。	1 2 3 4 5
2. 该小组能积极合作完成（展示）小组学习单。	1 2 3 4 5
3. 该小组能理解辉辉在生活中遇到困难时具体的想法和做法。	1 2 3 4 5
4. 该小组喜欢阅读绘本《辉辉的小脸蛋》。	1 2 3 4 5
5. 该小组能从辉辉身上感受到这类残障人士努力、乐观的生活态度。	1 2 3 4 5
6. 该小组认同辉辉是一个努力克服困难、乐观生活的孩子。	1 2 3 4 5
7. 本节课上，我对该小组的综合评价为：	1 2 3 4 5

教学评价

朱老师的这节融合教育绘本阅读课，教学过程层次递进，活动形式多元，富有生活气息。

第一，紧扣课程基本理念，将“美融”价值生活化。该绘本本身自带光环，主角辉辉是一名面部残疾人士，他在成长中勇敢面对困难，乐观接受自己，活出精彩人生，彰显了“美融”主题绘本“努力、乐观”的内涵。这节课里，基于辉辉积极的生活态度，朱老师设计了小组学习单活动，让学生逐步深入理解辉辉的重要成长经历，感受其努力、乐观的生活态度，体现了“注重发挥绘本的熏陶、感染作用”的课程理念。此外，学生通过“彩虹卡”活动的互动体验，由外而内地形成正向的绘本角色形象，并在寻找“辉辉的成长秘密”过程中获得有益启发，进而引发自己对克服困难的积极思考，这也是紧扣课程理念“强调绘本的教与学植根于学生的生活”的一大例证。与此同时，朱老师在集体教学环节中穿插小组合作及个人学习活动，也在践行“坚持面向全体学生，关注学生个体差异”这一课程理念。

第二，契合教学建议，整合多元学习模式。本节课的三维目标设计层次分明，重视培养学生情感、态度与价值观的正确导向，并将之贯穿整节课的教学环节当中，自然渗透普特融合的理念。在活动组织方面，朱老师契合融合教育绘本课程标准教学建议中“营造民主的课堂氛围，引导学生自主学习和合作学习”的要求，整合小组合作学习、学生自主学习等方式，让学生成为活动的主人。朱老师借助小组学习单，开展小组合作学习，以各司其职、分工协作的方式，培养小组的团队互助与良性沟通意识；并在小组中设置“协助者”一职，让能力稍弱的学生可以有“位”可“为”，同时加以教师的巡回指导，让其有机会发掘自我潜能。

第三，符合评价建议，创设多元主体评价。本节课后，朱老师设置了学生、同伴、教师多元主体参与的量化学习评价表，符合融合教育绘本课程标准评价建议中“关注评价主体的多元和开放”及“全面评价学生的学习表现”的要求。朱老师运用质性评价与量化评价相结合的评价模式，有助于激发小组合作学习及学生自主学习的积极性，同时便于教师整体把握课程的学习效果，为调整后续教学活动提供有益的参考。

在学习评价方面，建议朱老师增加家长参与的校外质性评价项目，例如亲子互动分享绘本故事、制作心语推荐卡等活动，以丰富课程评价的内涵，增进家校共融。

评价教师：陈海苑（广州市番禺区培智学校）、薛路芳（广州市番禺区东怡小学）

附　录

绘本《辉辉的小脸蛋》第 9 ~ 14 页内容

第 9 页：转学后的第一天，辉辉很不安：“会不会又要被欺负了……”可没想到迎接他的是笑容满脸的新同学。“辉辉，来玩躲避球吧！”“我们一起吃午饭吧！”没有一个人拿辉辉的脸开玩笑。原来，在转学之前，老师已经跟大家认真讲过辉辉的脸的事了。

第 10 页：在上下学的路上，附近的人都会和辉辉打招呼。“天儿真好啊，辉辉！”是妈妈去向大家伙儿拜托过了，请大家看到辉辉就招呼一声。“辉辉，今天在学校怎么样啊？”多亏了大家，辉辉再也不低着头走路了。

第 11 页：和朋友们共同成长着的辉辉，转眼间已经升上了小学四年级。随着年龄的增长，他脸上的瘤子也越来越大了。“辉辉，学小提琴试试吧？”“下次去学游泳吧！”“绘画班好像也很有趣呢！”瘤子让辉辉有些不安，妈妈就带他一个接一个地参加兴趣班。

第 12 页：然后，妈妈也开始学习小提琴了。“吱——吱——”小提琴是特别难学的乐器，妈妈怎么练习，也只能发出“吱——吱——”的声音。但是，不知不觉间，妈妈就会拉优美的曲子了，比辉辉进步还快。原来她瞒着辉辉在偷偷练习呢。为了超过妈妈，辉辉也使劲儿练习。虽然一开始，辉辉并不太喜欢小提琴，可是在和妈妈比赛的过程中，他变得越来越喜欢了。

第13页：除了学小提琴，他们还学游泳。妈妈几乎不会游泳，但为了追上辉辉，她加紧练习。辉辉也不服输。到了六年级的时候，他都可以一口气游一万米了。

第14页：参加了这么多课外活动，学习了这么多技能，辉辉感到筋疲力尽。这时候，妈妈对他说："辉辉，不要满脑子只想着脸上的烦心事儿。因为你就是你啊，多去做自己喜欢的、想做的事情，使劲儿培养它们，让它们成为你的强项！"辉辉想："我的强项？"

心连心，好朋友

——绘本创作课之《劳拉的秘密》

授课教师：薛路芳（广州市番禺区东怡小学）
指导教师：陈海苑（广州市番禺区培智学校）

教学内容简介

融合教育绘本是以反映残障人士的行为特点、生活状态或精神风貌为题材（有时会用动植物形象来隐喻残障人士），由文字和图画或完全由图画组合起来的图画故事书。

普通小学融合教育绘本课程是普通学校小学教育阶段的一门校本课程，由广州市番禺区教育局中小教科和番禺区培智学校、番禺区化龙镇中心小学、番禺区东怡小学、番禺区南村镇中心小学、番禺区钟村奥园学校、番禺区大石富丽小学、番禺区市桥沙墟二小学、番禺区沙湾镇西村育才小学、番禺区天誉小学联合开发，适用于普通小学一至六年级的学生（含普通学生及残障学生）。

结合我国学生发展核心素养，该课程把融合教育绘本内容划分为“真融教育”“善融教育”“美融教育”三大主题。其中，“真融教育”的内涵是“真诚、平等”；“善融教育”的内涵是“友善、互助”；“美融教育”的内涵是“努力、乐观”。根据学生的学习活动方式，该课程把绘本学习划分为“绘本阅读”“绘本创作”“绘本讲演”三大层次。

《普通小学融合教育绘本课程标准（2020 年版）》针对“绘本创作”层次提出以下课程目标：“选择合适的工具、媒材，创作融合教育绘本，表达情感和思想，发展想象力和创造力”“具有和残障人士友善交往、互相帮助的基本技能”；在低年级“善融教育”主题的绘本创作层次提出以下课程内容：“愿意尝试创作以图为主的绘本，感受创作绘本的乐趣”“简单地表达自己和残障同伴友善交往、互相帮助的做法”“初步体会和残障同伴的友谊”。

基于上述课程目标和内容，教师把本节课的教学内容设定为：引导学生运用合适的工具、媒材进行融合教育绘本创作，感受创作绘本的乐趣，并能简单表达自己和癫痫儿童友善交往、互相帮助的做法，初步体会和癫痫儿童之间的友谊，以便他们能把这种与残障儿童友善交往、互相帮助的观念迁移运用到实际生活中。

学生情况分析

本节课是普通小学二年级集体课，共42名学生参与。

对于友谊，本班学生已认识到“真正的好朋友是建立在互相帮助、互相支持的基础上的”。例如，他们常常会这样评价自己的好朋友：“每当我遇到困难，××都会帮助我，我们是真正的好朋友。”另外，学生已通过绘本阅读课学习过《劳拉的秘密》①，绘制过“劳拉的心情变化”的思维导图，对绘本内容有一定的理解，也明白要和癫痫儿童友善交往、互相帮助。

教学目标

一、知识与技能

（1）能简单表达自己与癫痫儿童友善交往、互相帮助的做法。

（2）了解癫痫儿童癫痫发作时简单的处理方法。

二、过程与方法

通过讨论、分享、构思绘本等方式，懂得与癫痫儿童友善交往、互相帮助的做法。

三、情感、态度与价值观

（1）体验绘本创作的快乐，对创作融合教育绘本有浓厚的兴趣。

（2）初步体会与癫痫儿童之间的友谊，并养成和癫痫儿童友爱相处的良好品质。

教学重点

能简单表达与癫痫儿童友善交往、互相帮助的做法。

教学难点

初步体会与癫痫儿童之间的友谊，并养成和癫痫儿童友爱相处的良好品质。

---

① 海伦娜·卡拉杰克，著；马加·鲁比，绘. 劳拉的秘密. 漆仰平，译. 北京：北京少年儿童出版社，2016.

教学准备

（1）多媒体课件《心连心，好朋友》、背景音乐、《绘本创作任务单》若干。

（2）教师所创作的绘本《我和我的癫痫朋友》，文字内容如下："我是一个小学生，我喜欢跟朋友一块儿玩。我有一个同班同学，她叫林月。她患有癫痫，但这并不影响我们做朋友。我们会一起做好多事情，上课时，我们会一起讨论交流，分享自己的想法和感受。下课时，我们更开心。我们会一起玩，有时候一起画画，有时候一起玩手指游戏，有时候一起跳绳，有时候聊一些好笑的事。遇到困难时，我们也会互相帮助。我不会做数学题时，她会教我做数学题。下雨时，她忘记带伞，我会和她一起用伞。如果她的癫痫发作，我绝对不会笑她，会继续和她做朋友。我们在一起很开心，我们要做永远的好朋友！"

（3）贝瓦儿歌视频《好朋友》，歌词如下："好朋友，手拉手，大步大步向前走。玩游戏，最开心，我们都是好朋友。小秘密，告诉你，请记住，别泄密。我生日，邀请您，热热闹闹在一起。"

教学过程

一、回顾绘本

（1）教师询问："同学们，上节课我们学习了绘本《劳拉的秘密》。你们还记得吗？劳拉有什么秘密呢？"学生自由回答后，教师小结："劳拉患有癫痫，有时候会大脑短路，发生'电流大爆炸'而昏倒。她担心同学们不理解，会笑话她，所以一直守着这个秘密。"

（2）教师询问："劳拉小心翼翼地保守着她的秘密。在上小学过程中，她的心情经历了哪些变化？"教师播放课件，呈现劳拉心情变化的思维导图（见下图），和学生一起回顾。

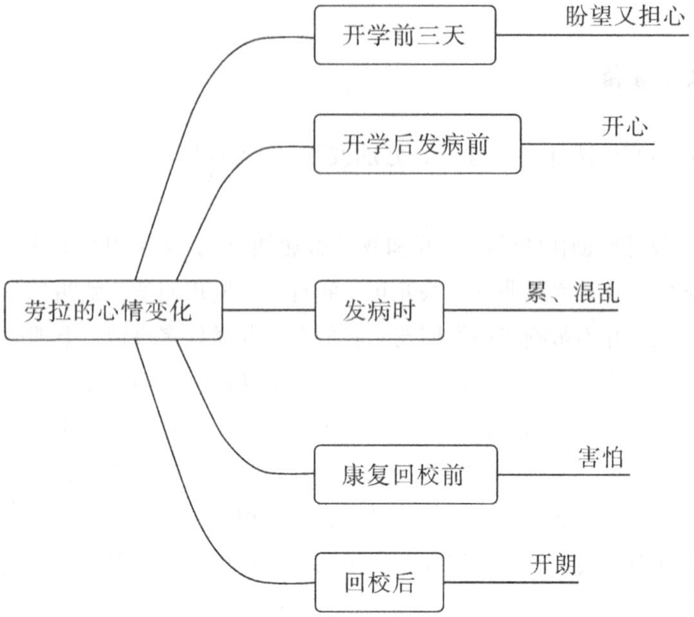

（3）教师播放多媒体课件，呈现绘本第 13 页的内容“劳拉耷拉着脑袋走进教室。全班同学转过身来望着她。劳拉抬起头，双眼与同学们的目光相遇了”，询问：“劳拉康复后，在准备回学校前，她为什么会害怕？”学生自由回答后，教师小结：“她害怕的是，同学们知道她患有癫痫后会笑她，对她不友善，不和她一块儿玩，不跟她做朋友。”

（4）教师播放多媒体课件，呈现绘本第 15 页的内容“劳拉瞬间开朗，心中的石头落了地。看看周围的同学，她知道他们和自己可以继续做朋友，甚至是比以前更亲密的朋友。毕竟，他们现在对彼此更加了解了”，询问：“劳拉康复回校后，看到老师和同学们，本来很害怕的心情却能顿时开朗起来，我们从中可以看出什么？”学生自由回答后，教师小结：“劳拉看到老师和同学们都很关心她，而且在努力了解她、理解她，认为她和很多伟大的人一样与众不同。劳拉感受到老师和同学们对她的理解、友善和关爱。”教师顺势在黑板上板书“理解”“友善”，并在相应位置张贴体现“理解”“友善”的图片。

设计意图

教师借助“劳拉的心情变化”思维导图，带领学生回顾绘本内容，加深学生对癫痫儿童渴望得到老师、同学的理解和帮助的认识，为接下来的绘本创作做铺垫。

二、构思绘本

教师呈现《绘本创作任务单》，介绍："这节课，请每个同学都尝试创作一个绘本，绘本内容是介绍自己和癫痫儿童怎么友善交往、互相帮助。"教师顺势在黑板上板书"帮助"，并在相应位置张贴体现"帮助"的图片。

绘本创作任务单

班级：________　　姓名：________　　学号：________

绘本主角：________________________________

绘本内页部分：

第 1 页（介绍主角）：

____

第 2 页（友善交往情节）：

____

第 3 页（友善交往情节）：

____

第 4 页（互相帮助情节）：

____

第 5 页（互相帮助情节）：

____

第 6 页（癫痫发作情节）：

____

绘本名称：________________________________

1. 构思绘本主角

教师邀请小组长派发《绘本创作任务单》给小组成员，引导学生确定绘本主角："首先，同学们要确定这个绘本的主角。老师要求绘本主角一定要包括你自己和癫痫儿童。你自己在绘本中可以用'我'来表示。你可以给癫痫儿童取一个你喜欢的名字，比如林月、翔翔等，也可以直接用劳拉。同学们想好绘本这些的名字后，把这些名字写在《绘本创作任务单》的'绘本主角'处。"学生思考后，在《绘本创作任务单》的相应位置填写绘本主角。

2. 构思绘本首页内容

教师询问："我们确定了绘本主角后，就可以开始设计绘本的内容。绘本的第1页可以有什么内容呢?"学生自由回答后，教师播放多媒体课件，呈现自己所创作的绘本《我和我的癫痫朋友》图文，并说明："第1页，我们可以先介绍主角。像老师这样做，第1页呈现你和癫痫儿童的图片，并加上文字介绍'我是一个小学生，我喜欢跟朋友一块儿玩。我有一个同班同学，她叫林月。她患有癫痫，但这并不影响我们做朋友'。"学生思考后，在《绘本创作任务单》的相应位置填写相关内容。

3. 构思绘本"和癫痫儿童友善交往"情节内容

教师询问："接下来，可以介绍你和癫痫儿童友好相处的情景。如果班里有像劳拉一样患有癫痫的同学，你要怎么做，才能让他/她感受到你对他/她的友好?请小组讨论交流，等一下推荐代表和大家分享。"教师巡视指导小组交流，根据学生喜欢做、平时经常做的事情适时引导学生，例如，"你喜欢画画，可以和癫痫儿童××一起画画""你喜欢在课间跳舞，可以和癫痫儿童××一起跳舞"。小组代表分享后，教师播放多媒体课件，呈现自己所创作的绘本《我和我的癫痫朋友》图文，并说明："同学们可以根据自己的情况和兴趣选择喜欢的内容，如'一起讨论、一起玩跳棋、一起秋游'等，简单写在《绘本创作任务单》上的'第2页'和'第3页'处。"学生思考后，在《绘本创作任务单》的相应位置填写相关内容。

4. 构思绘本"和癫痫儿童互相帮助"情节内容

教师询问："同学们已经设计好和癫痫儿童一起活动的情节，很棒！生活中，我们每个人都会遇到困难，都有需要帮助的时候。那么，请想一想，你可以帮助癫痫同伴做什么，癫痫同伴又可以帮助你做什么呢?请小组讨论交流，等一下推荐代表和大家分享。"教师巡视指导小组交流，根据学生能做和不能做的事情适时引导学生，例如，"你能写漂亮的字，如果癫痫儿童××写字不好看，你可以帮助他/她""你不会玩飞行棋，如果癫痫儿童××会玩，他/她是不是可以帮助你呢"。小组代表分享后，教师播放多媒体课件，呈现自己所创作的绘本《我和我的癫痫朋友》图文，并说明："当需要帮助时，一个小小的举动都会让人感受到温暖，也会让彼此的心走得更近，朋友之间的感情更深。同学们可以根据自己的情况选择互助的内容，如'我帮他/她讲题，他/她说笑话逗我笑'等，简单写在《绘本创作任务单》上的'第4页'和'第5页'处。"学生思考后，在《绘本创作任务单》的相应位置填写相关内容。

5. 构思绘本"癫痫儿童癫痫发作"情节内容

教师询问："如果很不巧，你身边的癫痫同伴癫痫发作，你能做什么呢？”学生自由回答后，教师播放多媒体课件，呈现自己所创作的绘本《我和我的癫痫朋友》图文，并说明：“‘如果她的癫痫发作，我绝对不会笑她，会继续和她做朋友。我们在一起很开心，我们要做永远的好朋友！’同学们可以思考自己能做什么，如‘他/她癫痫发作，我不笑他/她，我们会继续做朋友’等，简单写在《绘本创作任务单》上的‘第6页’处。”学生思考后，在《绘本创作任务单》的相应位置填写相关内容。

6. 构思绘本名称

教师询问：“现在，同学们已经把绘本的内容想好了，最后要做的是给这个绘本取一个名字。绘本的名字要贴合内容，请开动你的小脑筋，为你的绘本想一个合适的名字吧！”学生思考后，在《绘本创作任务单》的相应位置填写绘本名称。

7. 分享绘本

在学生把绘本的所有内容创作完成后，教师邀请学生先在小组内分享，再邀请1~2名学生在全班进行分享。

设计意图

通过教师引导、小组讨论、学生分享等方式，教师引领学生联系自己的生活，独立构思绘本的具体内容，填写《绘本创作任务单》，以促进学生认识自己创作的绘本的整体框架，同时为后续动手制作绘本奠定基础。

三、总结

（1）教师总结：“今天，老师看到大家都能在自己设计的绘本中，表达愿意与癫痫儿童友善交往、互相帮助的想法和做法，如为他们保守秘密，不随便说他们的病，不嫌弃他们，和他们一块儿玩，帮助他们解决困难等，老师很开心！为你们点赞！同学们，世界上的每个孩子都是平等而且独特的，我们友好互助的心是共通的！”

（2）教师播放儿歌视频《好朋友》，寄语：“老师希望同学们在平时的学习、生活中，如果真的遇到像劳拉那样的癫痫儿童，也能和他/她一起心连心，做朋友！手拉手，共成长！让我们一起欣赏《好朋友》，大家可以一边跟着唱，一边做动作。”

（3）教师播放多媒体课件，呈现下节课绘本制作需要的素材和工具，并预告：“下节课，我们开始动手把这个绘本做出来。请同学们把以下物品带来：彩色A4卡纸、剪刀、胶水、彩色画笔、至少5张自己的彩色照片、至少5张自己喜欢的卡通人物贴画。”

设计意图

一方面，教师总结、学生欣赏儿歌视频的方式能深化本节课的主旨“友善交往、互相帮助、体验友谊”，升华情感；另一方面，教师通过呈现绘本制作需要的素材和工具，可使学生提高对下节课制作绘本的期待并做好准备。

板书设计

心连心，好朋友

——《劳拉的秘密》绘本创作课

普通男孩和女孩的图片	劳拉的图片
体现“理解”的图片	理解
体现“友善”的图片	友善
体现“帮助”的图片	帮助

设计意图

教师通过图文结合呈现关键词的形式，一方面帮助学生认识和了解要与癫痫儿童互相理解、友善交往、互相帮助的理念；另一方面提示学生在创作绘本时要围绕这些内容展开，有利于渗透普特融合的理念。

学习评价

说明：本节课的学习评价由三部分组成。

第一部分　学生自评

《心连心，好朋友》学生自评表

学生姓名：__________　**班级：**__________　**学号：**__________

日期：_______年_____月_____日

评价方式：请你根据自己的实际情况，在相应的选项后打“√”。老师将对你的自我评价保密，请你放心作答。

（1）我积极参与课堂讨论，主动表达自己的想法。

继续加油 □　表现一般 □　表现很棒 □

（2）我体验到创作绘本的快乐。

继续加油 □　表现一般 □　表现很棒 □

（3）我对癫痫儿童有了一定的了解。

继续加油 □　表现一般 □　表现很棒 □

（4）我愿意与癫痫儿童友善交往。

继续加油 □　表现一般 □　表现很棒 □

（5）当癫痫儿童需要帮助时，我愿意帮助他/她。

继续加油 □　表现一般 □　表现很棒 □

（6）我体验到了与癫痫儿童之间的友情。

继续加油 □　表现一般 □　表现很棒 □

第二部分　同桌互评

《心连心，好朋友》同桌互评表

同桌姓名：__________　　**班级：**__________

日期：________年______月______日

评价方式：请你根据同桌的实际情况，在相应的选项后打“√”。老师将对你的评价保密，请你放心作答。

（1）你的同桌对癫痫儿童有了一定的了解。

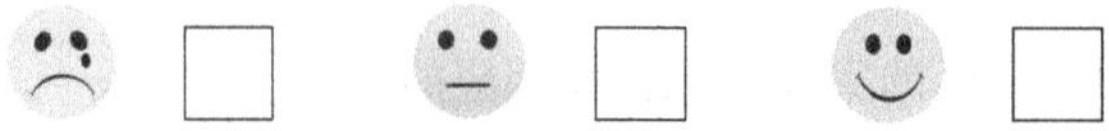

继续加油　□　　表现一般　□　　表现很棒　□

（2）你的同桌在小组学习时，能主动交流分享自己的想法。

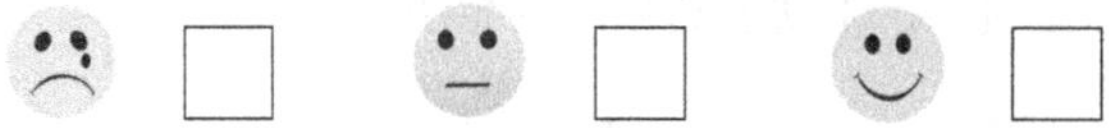

继续加油　□　　表现一般　□　　表现很棒　□

（3）你的同桌能认真创作绘本。

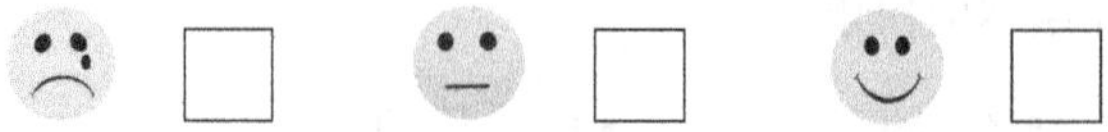

继续加油　□　　表现一般　□　　表现很棒　□

（4）你的同桌创作的绘本中表达了他/她会与癫痫儿童友善交往的想法。

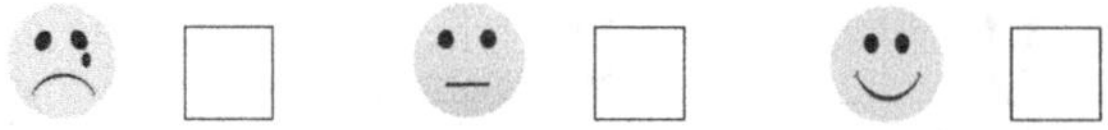

继续加油　□　　表现一般　□　　表现很棒　□

（5）你的同桌创作的绘本中表达了他/她会与癫痫儿童互相帮助的想法。

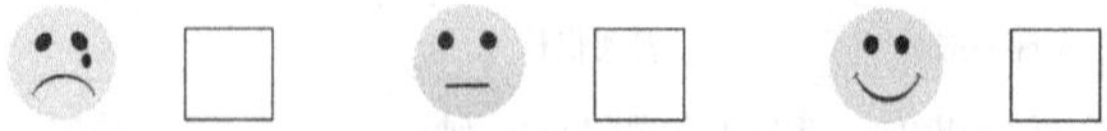

继续加油　□　　表现一般　□　　表现很棒　□

（6）你的同桌创作的绘本中表达了他/她与癫痫儿童之间的友情。

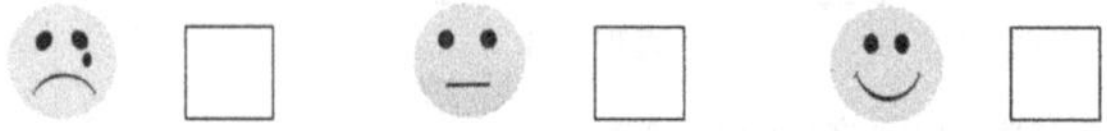

继续加油　□　　表现一般　□　　表现很棒　□

第三部分 教师评价

《心连心，好朋友》教师评价表

学生姓名：__________ **班级：**__________

教师姓名：__________ **日期：**________年______月______日

评价方式：授课教师根据学生的课堂表现及其所填写的《绘本创作任务单》，对每个学生进行评价。请在相应的选项后打“√”。

（1）该生能积极投入课堂，参与课堂活动。

表现较差 ☐ 表现一般 ☐ 表现很好 ☐

（2）该生对癫痫儿童有了一定的了解。

表现较差 ☐ 表现一般 ☐ 表现很好 ☐

（3）该生能认真创作绘本。

表现较差 ☐ 表现一般 ☐ 表现很好 ☐

（4）该生创作的绘本中表达了他/她会与癫痫儿童友善交往的想法。

表现较差 ☐ 表现一般 ☐ 表现很好 ☐

（5）该生创作的绘本中表达了他/她会与癫痫儿童互相帮助的想法。

表现较差 ☐ 表现一般 ☐ 表现很好 ☐

（6）该生创作的绘本中表达了他/她与癫痫儿童之间的友情。

表现较差 ☐ 表现一般 ☐ 表现很好 ☐

教学评价

薛老师的这节融合教育绘本创作课活动环环相扣，流程极具操作性，很符合普校低年级学生的知识储备与能力水平。

首先，这节课能很好地遵循融合教育绘本课程标准的基本理念。一方面，薛老师“注重发挥绘本的熏陶、感染作用”。薛老师借助思维导图带领学生回顾梳理绘本内容，让学生在绘本阅读的基础上进行再创作。同时，薛老师“强调绘本的教与学根植于学生的生活”，在学生掌握绘本内容的基础上，引领学生完成《绘本创作任务单》，充分联系自己的生活实际，并在小组讨论、分享中构思、完善绘本的框架内容。另一方面，薛老师“坚持面向全体学生，关注学生个体差异”，在巡视指导小组讨论及个人创作时，会细致考虑个别学生的实际能力，对其进行鼓励及方法指导，调整安排适切的任务，做到因材施教。

其次，本节课能很好地落实融合教育绘本课程标准提出的“营造民主的课堂氛围，引导学生自主学习和合作学习”的教学建议。整节课中，薛老师注重提出问题，引导学生思考如何解决问题，在激发学生主观能动性的同时，发展学生的思维能力。在构思绘本阶段，薛老师通过让学生参与小组讨论及独立完成《绘本创作任务单》的方式，引导学生进行合作学习和自主学习。薛老师仅扮演“带领者”的角色，放手让学生去自由设计，以激发学生的想象力和创造力，真正把课堂还给学生。

此外，本节课能很好地契合融合教育绘本课程标准提出的“加强学生的自我评价和同伴评价，促进学生的主动学习、自我反思”的评价建议。薛老师在教学结束后，设计制作了多元评价表。该系列评价表邀请学生及其同桌和授课教师参与学生自评、生生互评、教师评价，力求多方面、全方位对学生的学习过程、学习效果进行了解及反馈，有助于促进学生自我反思，也有利于做好后续教学策略的调整。

建议薛老师布置以下家庭作业：让学生把《绘本创作任务单》带回家和家人分享，家人可引导学生适当补充相关内容。这种做法既能增进亲子感情，又能深化普特融合的宣传效果。

评价教师：陈海苑（广州市番禺区培智学校）、朱小露（广州市番禺区化龙镇中心小学）

生活适应绘本

我会洗手

——绘本讲演课之《走开！冠小毒》

授课教师：朱阳（主教）、陈慧芬（助教）（广州市番禺区培智学校）
指导教师：陈海苑（广州市番禺区培智学校）

教学内容简介

生活适应绘本是以个体学会生活、融入社会为题材，由文字和图画或完全由图画组合起来的图画故事书。

培智学校生活适应绘本校本课程是由广州市番禺区培智学校所开发、适合义务教育阶段一至九年级学生学习的一门选择性课程。

基于培智学校学生的生活，该课程把生活适应绘本内容划分为“个人生活”“家庭生活”“学校生活”“社区生活”“国家与世界”五大领域。根据学生的学习活动方式，该课程把绘本学习划分为“绘本阅读”“绘本创作”“绘本讲演”三大层次。

《培智学校生活适应绘本校本课程标准（2020年版）》提出“了解基本的生活常识，掌握必备的适应性技能”“经历观察、体验、感悟等过程，逐步形成基本的生活适应能力”“养成良好的行为习惯，成为适应生活的公民”等课程目标，在低年级“个人生活”学习领域“个人卫生”主题的绘本讲演层次安排“愿意尝试讲述、演示自己所创作的新绘本，感受讲述、演示绘本的乐趣”“较完整地讲述、演示自己所创作的绘本”“能按照一定的步骤洗手”等课程内容。

基于上述课程目标和内容，教师结合预防新冠肺炎的社会大背景，选用生活适应绘本《走开！冠小毒》① 相关内容，在本节课重点指导学生掌握洗手的步骤，养成勤洗手的卫生习惯。

① 王庭照，申承林，张琪，等．走开！冠小毒：新型冠状病毒特殊儿童防疫绘本．西安：陕西师范大学出版总社有限公司，2020．

学生情况分析

本节课是培智学校二年级集体教学课，共9名学生参与。

A组有4名学生，分别是柔、宜、汝、衡，柔、宜、汝均为中度智障学生，衡为脑瘫学生；他们能较好地理解日常用语，有一定的口语表达能力，模仿动作能力较强。B组有3名学生，分别是成、煌、达，均为中度智障学生；他们能理解日常用语，口语表达能力及模仿动作能力稍弱。C组有2名学生，分别是彤、佳，均为重度智障学生；他们在各方面的能力均较弱。全班学生均有洗手的生活经验，但还不能掌握规范的洗手技能。例如，有的学生只是用水淋湿手，有的学生只洗一只手。另外，学生主动洗手的意识普遍不强。

在前段时间的绘本阅读课上，学生已通过阅读绘本《走开！冠小毒》的洗手内容，理解了为什么要洗手、什么情况下要洗手、洗手一般包括哪些步骤。在绘本创作课，学生已创作以自身为主角的绘本《我会洗手》，其中，绘本内容是学生自身能掌握的洗手步骤，绘本形式是以图为主、配上洗手步骤的文字歌诀（例如洗手心、洗手背）。

在绘本讲演课上，教师创设“去安安家参加生日会”的活动。第一课时，学生在教师带领下到学校的乐儿超市为安安选购生日礼物。准备离开教室戴上口罩前、逛完超市去上厕所后、回到教室脱下口罩后，学生均根据自己所创作的绘本《我会洗手》，按照适合自身掌握的步骤洗手。本节课属于绘本讲演课的第二课时。

教学目标

一、知识与技能

A组：能根据自己所创作的绘本《我会洗手》，按照七步洗手法（具体指“洗手心”“洗手背”“洗手指缝”“洗手指背”“洗大拇指”“洗手指尖”“洗手腕”）洗手。

B组：能根据自己所创作的绘本《我会洗手》，按照五步洗手法（具体指“洗手心”“洗手背”“洗手指背”“洗大拇指”“洗手指尖”），在教师的少量口语提示下洗手。

C组：能根据自己所创作的绘本《我会洗手》，按照三步洗手法（具体指“洗手心”“洗手背”“洗手指尖”），在教师的动作示范下洗手。

二、过程与方法

在真实的情境中，通过演示自己所创作的绘本《我会洗手》，初步掌握相应的洗手步骤。

三、情感、态度与价值观

（1）愿意尝试演示自己所创作的绘本《我会洗手》，感受演示绘本的乐趣。

（2）初步养成勤洗手的卫生习惯。

教学重点

能根据自己所创作的绘本《我会洗手》，按照适合自身掌握的步骤洗手。

教学难点

（1）能根据自己所创作的绘本《我会洗手》，按照适合自身掌握的步骤洗手。

（2）初步养成勤洗手的卫生习惯。

教学准备

（1）课件《去安安家参加生日会》、口罩若干、乘车券若干、奖励板一块（板上有每个学生的名字）。

（2）教师、学生所创作的绘本《我会洗手》。

教学过程

一、看一看绘本《我会洗手》

（1）主教教师出示生日礼物，询问："安安的生日快到了，安安想请同学们到他家去过生日。所以，上节课我们一起到学校的乐儿超市，为安安选了这份生日礼物。那么，大家还记得吗？我们上节课除了选礼物，还做了什么事情？"若学生不能主动回答，助教教师做"洗手"的手势，进行提示。

（2）主教教师出示自己所创作的绘本《我会洗手》，依次翻开自己洗手心、洗手背、洗手指缝、洗手指背、洗大拇指、洗手指尖、洗手腕的画面，询问："请大家一起看看，老师是怎么洗手的？"A组学生对照绘本画面，做相应的洗手动作。当B组学生无法独立做出"洗手指缝""洗手腕"的动作时，主教教师给予肢体辅助。当C组学生无法独立做出“洗手指缝”“洗手指背”“洗大拇指”“洗手腕”的动作时，助教教师给予肢体辅助。

（3）主教教师出示自己所创作的绘本《我会洗手》，小结：“现在，外面还有“冠小毒”。洗手就是赶走“冠小毒”的好办法。我们洗手时，如果忘记洗手的步骤，可以看着绘本来洗手。”

设计意图

教师带领学生演示自己所创作的绘本《我会洗手》，可让学生了解该绘本的使用方法，帮助学生巩固洗手步骤。

二、演一演绘本《我会洗手》

1. 了解学习任务

（1）主教教师打开课件《去安安家参加生日会》，出示安安和生日蛋糕的画面，说：“我们买好生日礼物，就可以去安安家，和他一起庆祝生日。”

（2）主教教师出示校车的课件画面及乘车券，说：“我们要坐校车去安安家。司机叔叔说，想上校车就要有乘车券。我们要拿到这些乘车券，才能坐校车。”

（3）主教教师出示奖励板，说：“老师只会把乘车券发给讲卫生的好孩子。今天，老师布置3个任务考考同学们。同学们完成任务后，就能拿到‘大拇指’，贴在奖励板上。得到3个‘大拇指’的同学就是讲卫生的好孩子，能够得到乘车券，坐校车去安安家，为他庆祝生日，一起吃生日蛋糕。”

2. 演示“戴口罩前洗手”

（1）主教教师出示戴口罩的课件画面，询问：“我们坐校车时，一定要戴口罩。请同学们想一想，戴口罩前，我们先要做什么？”若学生不能主动回答，助教教师做“洗手”的手势，进行提示。

（2）主教教师布置任务：“戴口罩前，我们要洗手哟。现在，请同学们带着自己的绘本《我会洗手》，跟着朱老师和陈老师到洗手台，把手洗干净。会洗手的同学可以得到‘大拇指’。”

（3）主教教师带着柔、宜、成、煌、彤，助教教师带着汝、衡、达、佳，分别来到两个洗手台，引导他们排队，轮流洗手。

学生把自己所创作的绘本《我会洗手》[①] 放在洗手台前方的架子上，根

---

① 考虑到学生洗手时不方便翻阅绘本，放在洗手台前方架子上的绘本至少要有A3纸大小，而且要在一个页面上容纳学生所创作的绘本上面的所有洗手步骤。

据上面的步骤洗手。教师尽量不给予引导。

对于 A 组学生，教师仅在必要时指着绘本上对应的洗手步骤，进行引导。

对于 B 组学生，教师仅在必要时一边指着绘本上对应的洗手步骤，一边说“洗 × ×”，进行引导。

对于 C 组学生，教师仅在必要时一边示范绘本上对应的洗手步骤，一边说“洗 × ×”，进行引导。

当一位学生洗手时，教师可引导其他学生在旁边留意观看，并模仿他的动作。

（4）全部学生洗完手后，在教师的带领下回到自己的座位。主教教师、助教教师引导学生观察自己的手及旁边同学的手是否洗干净了，拿出‘大拇指’印章，小结：“刚才 × × 洗手很认真、很干净，真棒！老师奖励一个‘大拇指’。如果你觉得自己或同学的手洗得很干净，也可以给自己或同学竖一个大拇指。”学生给自己或同学竖大拇指，把“大拇指”印章盖在奖励板上自己的名字下方。

3. 演示“到安安家后洗手”

（1）主教教师出示安安家的课件画面，询问：“请同学们想一想，到安安家后，我们要做什么？”若学生不能主动回答，助教教师做“洗手”的手势，进行提示。

（2）主教教师布置任务：“到安安家后，我们要洗手哟。现在，请同学们带着自己的绘本《我会洗手》，跟着朱老师和陈老师到洗手台，把手洗干净。会洗手的同学可以得到‘大拇指’。”

（3）主教教师带着柔、宜、成、煌、彤，助教教师带着汝、衡、达、佳，分别来到两个洗手台，引导他们排队，轮流洗手。

师生的行为与“2. 演示‘戴口罩前洗手’”相关内容类似。

4. 演示“在安安家吃东西前洗手”

（1）主教教师出示生日蛋糕的课件画面，询问：“请同学们想一想，在安安家吃生日蛋糕前，我们要做什么？”若学生不能主动回答，助教教师做“洗手”的手势，进行提示。

（2）主教教师布置任务：“吃生日蛋糕前，我们要洗手哟。现在，请同学们带着自己的绘本《我会洗手》，跟着朱老师和陈老师到洗手台，把手洗干净。会洗手的同学可以得到‘大拇指’。”

（3）主教教师带着柔、宜、成、煌、彤，助教教师带着汝、衡、达、佳，分别来到两个洗手台，引导他们排队，轮流洗手。

师生的行为与“2. 演示‘戴口罩前洗手’”相关内容类似。

设计意图

教师创设“戴口罩前洗手”“进屋子后洗手”“吃生日蛋糕前洗手”3个任务，引导学生在真实的情境中，通过演示自己所创作的绘本《我会洗手》，掌握相应的洗手步骤。这种做法不仅能拓展学生的经验，也能深化学生的体验。另外，教师安排等候洗手的学生观察并模仿正在洗手的学生的动作，同样有助于学生掌握洗手步骤。教师使用奖励板给予学生社会性增强，增加了学生对于完成任务的感知。教师设置的学生自我或同学间的检查评价，可增强学生自我管理和关注他人的能力，激发其学习内动力。

三、数一数“大拇指”印章

（1）主教教师指着奖励板，说：“今天，老师发现很多同学洗手很认真、很干净，真棒！现在，请每个同学过来数一数自己拿到多少个‘大拇指’。得到3个‘大拇指’的同学就是讲卫生的好孩子，能够得到乘车券。”

（2）主教教师、助教教师引导学生点数奖励板上的“大拇指”印章，把乘车券奖励给获得3个“大拇指”的学生。

（3）主教教师出示乘坐校车的课件画面，总结：“同学们一定要记住，平时要多洗手，把“冠小毒”赶走。今天，同学们都完成了任务，得到了乘车券。明天，我们一起坐校车去安安家为他庆祝生日，一起吃生日蛋糕。”

设计意图

本环节为评价和总结环节。教师通过兑换乘车券的结果导向，完成对学生的评价，增强学生社会性，从而提升学生的学习内动力。

板书设计

我会洗手

设计意图

教师出示相关图片，让学生明确要洗手的不同情况：戴口罩前、进屋子后、吃生日蛋糕前。另外，使用奖励板能在每个洗手活动结束后给予学生及时反馈，提升学生的学习内动力，并为教师观察和评价学生、调整教学策略提供依据。

学习评价

《我会洗手》学习评价表

评价教师：____________ **评价日期：**______年_____月_____日

受评学生：____________

说明：本评价表由两部分组成。

第一部分 课后评价

说明：授课教师根据学生的课堂表现，在课后及时评价（如果有其他教师听课，授课教师可邀请听课教师一同参与评价）。另外，B 组学生不需要接受题目（3）、（7）的评价；C 组学生不需要接受题目（3）、（4）、（5）、（7）的评价。请在相应的选项前打“√”。

（1）洗手心。

☐ 0 分：无论教师如何提示，学生都不做。

☐ 1 分：教师一边拉着学生做对应的洗手步骤，一边说“洗手心”，学生会配合着做。

☐ 2 分：教师一边示范绘本上对应的洗手步骤，一边说“洗手心”，学生会模仿着做。

☐ 3 分：教师一边指着绘本上对应的洗手步骤，一边说“洗手心”，学生会做。

☐ 4 分：教师指着绘本上对应的洗手步骤，学生会做。

☐ 5 分：不需要教师的任何提示，学生会主动做。

（续上表）

（2）洗手背。

☐ 0分：无论教师如何提示，学生都不做。

☐ 1分：教师一边拉着学生做对应的洗手步骤，一边说“洗手背”，学生会配合着做。

☐ 2分：教师一边示范绘本上对应的洗手步骤，一边说“洗手背”，学生会模仿着做。

☐ 3分：教师一边指着绘本上对应的洗手步骤，一边说“洗手背”，学生会做。

☐ 4分：教师指着绘本上对应的洗手步骤，学生会做。

☐ 5分：不需要教师的任何提示，学生会主动做。

（3）洗手指缝。

☐ 0分：无论教师如何提示，学生都不做。

☐ 1分：教师一边拉着学生做对应的洗手步骤，一边说“洗手指缝”，学生会配合着做。

☐ 2分：教师一边示范绘本上对应的洗手步骤，一边说“洗手指缝”，学生会模仿着做。

☐ 3分：教师一边指着绘本上对应的洗手步骤，一边说“洗手指缝”，学生会做。

☐ 4分：教师指着绘本上对应的洗手步骤，学生会做。

☐ 5分：不需要教师的任何提示，学生会主动做。

（4）洗手指背。

☐ 0分：无论教师如何提示，学生都不做。

☐ 1分：教师一边拉着学生做对应的洗手步骤，一边说“洗手指背”，学生会配合着做。

☐ 2分：教师一边示范绘本上对应的洗手步骤，一边说“洗手指背”，学生会模仿着做。

☐ 3分：教师一边指着绘本上对应的洗手步骤，一边说“洗手指背”，学生会做。

（续上表）

☐ 4 分：教师指着绘本上对应的洗手步骤，学生会做。

☐ 5 分：不需要教师的任何提示，学生会主动做。

（5）洗大拇指。

☐ 0 分：无论教师如何提示，学生都不做。

☐ 1 分：教师一边拉着学生做对应的洗手步骤，一边说“洗大拇着”，学生会配合着做。

☐ 2 分：教师一边示范绘本上对应的洗手步骤，一边说“洗大拇着”，学生会模仿着做。

☐ 3 分：教师一边指着绘本上对应的洗手步骤，一边说“洗大拇着”，学生会做。

☐ 4 分：教师指着绘本上对应的洗手步骤，学生会做。

☐ 5 分：不需要教师的任何提示，学生会主动做。

（6）洗手指尖。

☐ 0 分：无论教师如何提示，学生都不做。

☐ 1 分：教师一边拉着学生做对应的洗手步骤，一边说“洗手指尖”，学生会配合着做。

☐ 2 分：教师一边示范绘本上对应的洗手步骤，一边说“洗手指尖”，学生会模仿着做。

☐ 3 分：教师一边指着绘本上对应的洗手步骤，一边说“洗手指尖”，学生会做。

☐ 4 分：教师指着绘本上对应的洗手步骤，学生会做。

☐ 5 分：不需要教师的任何提示，学生会主动做。

（7）洗手腕。

☐ 0 分：无论教师如何提示，学生都不做。

☐ 1 分：教师一边拉着学生做对应的洗手步骤，一边说“洗手腕”，学生会配合着做。

（续上表）

□ 2分：教师一边示范绘本上对应的洗手步骤，一边说“洗手腕”，学生会模仿着做。

□ 3分：教师一边指着绘本上对应的洗手步骤，一边说“洗手腕”，学生会做。

□ 4分：教师指着绘本上对应的洗手步骤，学生会做。

□ 5分：不需要教师的任何提示，学生会主动做。

第二部分　日常生活中评价

说明：授课教师、班主任、生活辅导教师、家长根据学生的日常生活表现，在本节课结束一周内填写评价表。其中，题目（4）只需要家长填写。请在相应的选项后打“√”。

（1）上完厕所后，能主动洗手。

很多时候能 □　有时候能 □　很多时候不能 □

上完厕所后，能按照步骤洗手。

很多时候能 □　有时候能 □　很多时候不能 □

（2）吃东西前，能主动洗手。

很多时候能 □　有时候能 □　很多时候不能 □

吃东西前，能按照步骤洗手。

很多时候能 □　有时候能 □　很多时候不能 □

（3）手脏时，能主动洗手。

很多时候能 □　有时候能 □　很多时候不能 □

手脏时，能按照步骤洗手。

很多时候能 □　有时候能 □　很多时候不能 □

（4）回家后，能主动洗手。

很多时候能 □　有时候能 □　很多时候不能 □

回家后，能按照步骤洗手。

很多时候能 □　有时候能 □　很多时候不能 □

教学评价

本节课教学前，朱老师和陈老师抓住预防新冠肺炎的教学契机，在深入挖掘绘本《走开！冠小毒》在生活适应方面的价值取向的基础上，引导学生根据适合自身掌握的洗手步骤，创作了绘本《我会洗手》。本节课上，朱老师结合真实的生活情境，让学生练习戴口罩前洗手、进屋子后洗手和吃生日蛋糕前洗手。学生通过多次使用自己所创作的绘本，从中获得了对自己的洗手行为直观、形象的提示。两位教师的这些做法很好地遵循了生活适应绘本校本课程标准的基本理念：“注重发挥绘本的熏陶、感染作用”“强调绘本的教与学植根于学生的生活”。

另外，朱老师和陈老师在课堂上尽量少地束缚学生，让学生基于自身能掌握的洗手步骤，在演示绘本活动中，尽可能独立地洗手，充分发挥了学生的实践能力。可见，两位教师能按照生活适应绘本校本课程标准所提出的“营造民主的课堂氛围，引导学生自主学习”建议开展教学。

在学习评价方面，朱老师和陈老师深刻地认识到生活适应绘本校本课程标准所提出“关注评价主体的多元、开放。只有汇集来自教师、家庭等多方面的信息，本课程才可能准确、全面地对学生做出评价”的评价建议，因此，他们编制的学习评价表，安排了授课教师、班主任、生活辅导教师、家长对学生在教学区、宿舍区、家里、社区里主动洗手的表现及洗手步骤进行评价。

由于最后的评价部分时间比较充裕，所以建议朱老师和陈老师在该环节再次出示自己所创作的绘本《我会洗手》，让学生重温规范的七步洗手法。

评价教师：陈海苑（广州市番禺区培智学校）